Ces hommes qui ne communiquent pas

Couverture
- Conception graphique:
  ANNE BÉRUBÉ
- Illustration:
  TERRY ALLEN

Maquette intérieure
- Photocomposition et montage:
  COMPOTECH INC.

DISTRIBUTEURS EXCLUSIFS:

- Pour le Canada et les États-Unis:
  LES MESSAGERIES ADP*
  955, rue Amherst, Montréal H2L 3K4
  Tél.: (514) 523-1182
  Télécopieur: (514) 939-0406
  * Filiale de Sogides Ltée

- Pour la Belgique et le Luxembourg:
  PRESSES DE BELGIQUE S.A.
  Boulevard de l'Europe, 117
  B-1301 Wavre
  Tél.: (10) 41-59-66
      (10) 41-78-50
  Télécopieur: (10) 41-20-24

- Pour la Suisse:
  TRANSAT S.A.
  Route des Jeunes, 4 Ter
  C.P. 125
  1211 Genève 26
  Tél.: (41-22) 342-77-40
  Télécopieur: (41-22) 343-46-46

- Pour la France et les autres pays:
  INTER FORUM
  Immeuble ORSUD, 3-5, avenue Galliéni, 94251 Gentilly Cédex
  Tél.: (1) 47.40.66.07
  Télécopieur: (1) 47.40.63.66
  Commandes: Tél.: (16) 38.32.71.00
                Télécopieur: (16) 38.32.71.28
                Télex: 780372

STEVEN NAIFEH
GREGORY WHITE SMITH

Ces hommes qui ne communiquent pas

Traduit de
l'américain par
Marie-Luce Constant

le jour,
éditeur

Données de catalogage avant publication (Canada)

Naifeh, Steven, 1952—

   Ces hommes qui ne communiquent pas

   Traduction de : Why can't men open up?

   2-89044-373-6

   1. Hommes — Psychologie.   2. Communication inter-
personnelle.   3. Intimité (Psychologie).   I. Smith,
Gregory White.   II. Titre.

HQ1090.N3414 1986   305.3'1   C87-096003-2

Édition originale: *Why can't men open up?*
Clarkson N. Potter, Inc., Publishers
ISBN: 0-517-54996-4

©1984, Woodward/White, Inc.

©1987 LE JOUR, ÉDITEUR
DIVISION DE SOGIDES LTÉE, pour la traduction française

Bibliothèque nationale du Québec
Dépôt légal — 1 er trimestre 1987

ISBN 2-89044-373-6

12016

À Connie Clausen

Remerciements

Un bon livre est à l'image d'une bonne relation: il est le fruit d'une longue collaboration. Bien que seuls nos deux noms apparaissent sur la couverture de ce livre, des centaines de personnes peuplent les pages qui suivent. Nous avons eu la chance, rare pour un auteur, de profiter des connaissances et de l'expérience de nombreux experts qui nous ont consacré beaucoup de leur temps; nous aimerions leur exprimer ici notre plus vive reconnaissance.

N'étant pas membres de la communauté psychiatrique, nous tenons à remercier particulièrement les psychiatres, psychologues et thérapeutes qui nous ont permis de combler cette lacune en nous offrant généreusement leur compétence et leur expérience. Le Dr Ari Kiev, éminent psychiatre et auteur, nous a généreusement offert son temps et sa sagesse. Le Dr Alan A. Stone, professeur à Harvard, nous a appris à mieux nous connaître et à mieux comprendre ce qu'est véritablement l'intimité affective. Dans le domaine de la recherche psychohormonale, domaine dans lequel abondent les charlatans, le Dr John Money, de Johns Hopkins, nous a fait partager sa miraculeuse lucidité scientifique. Notre amie le Dr Marilyn Machlowitz, psychologue spécialisée en ergonomie, a lu les premières ébauches de notre manuscrit et nous a orientés vers d'autres personnes compétentes. Bien que nous n'ayons jamais eu le plaisir de faire sa connaissance, nous remercions tout particulièrement le Dr Joseph H. Pleck, pour son apport essentiel dans le domaine des recherches sur la masculinité.

Parmi les autres experts qui ont partagé leurs connaissances avec nous, nous aimerions citer le Dr Hal Arkowitz, de Tucson, le

Dr Albert Ellis, de New York, Richard Franklin, de Minneapolis, le Dr Robert Garfield, de Philadelphie, le Dr Helen Singer Kaplan, de New York, le Dr Doreen Kimura, de London (Ontario), le Dr Alexander Levay, de New York, Cese MacDonald, du comté de New York et de Westchester, Marcha Ortiz, de Washington (D.C.), le Dr David Peretz, de New York, le Dr Virginia Sadock, de New York, le Dr Alexander B. Taylor, de Los Angeles, le Dr Joseph H. Weissberg, de New York, le Dr Robert Whitaker, de Madison, le Dr Janet Wolfe, de New York, et le Dr Judith Worrell, de Louisville. Le Dr Lewis Long, d'Alexandria (Virginie), et le Dr Maurizia Tovo, de Nashville, ont relu soigneusement le manuscrit afin de nous faire part de leurs critiques détaillées.

Sans diplôme ni titre honorifique, Tom Lynch, de Roslyn (New York), est également un expert et nous aimerions le remercier de sa contribution à notre compréhension du problème de l'extériorisation; et si vous êtes tenté de minimiser l'importance de ce problème et les difficultés qu'il pose, nous vous recommandons d'avoir une petite conversation avec Tom. En outre, remercions les Betty Friedan et les Gloria Steinem du mouvement de libération des hommes: Donald Bell, Warren Farrell, Marc Feigin Fasteau, Herb Goldberg et Andrew Tolson. L'une des surprises que nous a réservées la rédaction de ce livre a été l'attitude hostile ou moqueuse des femmes face au mouvement de libération des hommes. Nous estimons que le mouvement ne mérite guère cet accueil et que cette attitude des femmes ne peut que se retourner contre elles.

N'oublions pas les nombreux collaborateurs anonymes (au nombre de 153) qui sont apparus sous la désignation: «une femme de San Francisco», «un homme de Boston», etc. Nous résisterons à la tentation de les énumérer ici. Ils se reconnaîtront et sauront que nous leur sommes reconnaissants de leur participation.

Parmi les «non-spécialistes» qui méritent un remerciement spécial se trouvent Pat Clements, Gary Fitts, Sarah Fitzsimmons, Joe Hartzler, Carolyn Naifeh et Kathryn Smith. Tous ont lu le manuscrit à divers stades et n'ont pas hésité à nous faire part de leurs impressions, favorables ou non. Une aide que même l'amitié ne justifiait pas nous a été accordée par Linda Chevalier, James

K. Chiu et Dolores Hughes, Hume A. Horan, Andrea Kormann, Dan Ranger et Christine Reynolds.

D'autres personnes ont contribué de diverses manières à l'amélioration de ce livre: Jim Allen, John Anderson, Gordon Atkinson, Susan Bayley, Deborah Berger, Jeff Boss, Brad Brian, Dolores Brockmeyer, John Cahill, Andrew Cheney-Feid, Marc Chevalier, Lillian et Tjarda Claggett, Melanie Clements, William et Carolyn Cramer, William et Cynthia Dougherty, Richard de Combray, Malcolm Diamond, Amy Fitts, Wendy Gates, Brian Gilbert, Lisa Harms, Mark O. Haroldsen, Bonnie Naifeh Hill, Susan Hunter, Pamela Hurt, Kyoko Ishikawa, Sally Kemp, Russ Kupfrian, Richard Kvam, Arline Lanphear, Martin N. Leaf, Suzanne Levine, Alice Long, Ann Luppi, Charles et Ellen Maneikis, Michael Morgenstern, Diane Acker Nygard, Patrick O'Connor, Leslie Palmer, Eileen Peretz, Roger Sherman, Claire Spiegel, Nancy Starr, Jamie Stobie, Patience Stoddard, William Strong, Terry Thompson, Suzanne Tichenor, Ann Vernon, Melissa von Stade et le groupe féminin de discussion de l'Orwell, Central Park Ouest, New York.

Au cours de la rédaction de ce genre de livre, il est facile de s'éloigner du sujet fixé au moment de l'ébauche. Heureusement, on nous a remis dans le droit chemin. En l'occurrence, nous nous efforcions de cerner un problème masculin — notre problème — d'un point de vue féminin. Parmi les nombreuses femmes qui nous sont venues en aide, citons Nancy Evans, Nicole Gregory, Margaret Jaworski, Eileen Herbert Jordan, Connie Leisure et Susan Margolis. Nous sommes particulièrement reconnaissants à Sherry Suib Cohen et à Susan Edmiston qui ont dirigé l'expédition et qui nous ont fourni cartes et boussole. Sans elles, nous ne serions jamais parvenus au but.

Clarkson N. Potter nous a offert la collaboration et le soutien qui sont les récompenses les plus intangibles que peut recevoir un auteur. À divers stades de la rédaction, nous avons reçu de l'aide d'Ann Coleman, de Gael Dillon, de Susan Eilertsen, de Laura Feigin, de Michael Fragnito, de Carolyn Hart, de Nancy Kahan, d'Elizabeth Martin, de Nancy Novogrod et de Michelle Sidrane. Personne n'a consacré plus de temps et d'efforts à ce livre que notre éditrice, Carol Southern. Elle a lu chaque manuscrit comme s'il était le dernier et s'est montrée patiente jusqu'au bout. Guy Kettelhack nous a offert de sages suggestions et le soutien dont nous avions besoin. Mais c'est Connie Clausen qui a réussi à donner toute sa valeur à notre travail. Non seulement est-elle riche d'une superbe expérience de la vie mais encore est-elle une *femme extraordinaire**, argument vivant en faveur de l'extériorisation.

S.N.
G.W.S.

---

* En français dans le texte original. (*N. D. T.*)

À seize ans, je savais déjà que, tout comme les filles gardaient précieusement leur virginité, les garçons gardaient jalousement quelque chose de moins tangible: eux-mêmes. Ils semblaient croire que la vie leur avait attribué une mission dans laquelle ils risquaient d'échouer s'ils s'exposaient à trop de sentiment.

Joyce Johnson
Minor Characters

PREMIÈRE PARTIE

Pourquoi les hommes ne peuvent-ils pas s'extérioriser?

Que désirent les femmes?

«Si seulement il pouvait trouver les mots»

Pourquoi les hommes ne savent-ils pas s'extérioriser? Presque toutes les Américaines se sont posé cette question, à un moment ou à un autre. Mariées ou non, elles ont connu la frustration d'un soudain éloignement affectif de l'homme qu'elles aiment. Exactement comme si on leur fermait la porte au nez, en les abandonnant à leur triste sort.

Même lorsqu'une femme sait qu'un homme l'aime, elle se demande pourquoi il est incapable de le lui dire. Lorsqu'il a un problème, pourquoi semble-t-il incapable d'en parler, de le partager avec elle, d'accepter son aide? Pourquoi a-t-il peur de montrer qu'il est vulnérable? Les hommes ressentent la douleur et la joie, ils versent des larmes, ils ont besoin d'amour, ils connaissent les tourments de la jalousie. Pourquoi ces émotions demeurent-elles silencieuses?

Que l'on soit homme ou femme, il n'est jamais facile d'étaler ses sentiments avec une franchise et une honnêteté totales face à l'être aimé. Plus l'enjeu est important, plus le risque d'être blessé est grand. Cependant, pourquoi les hommes sont-ils généralement moins désireux que les femmes de courir ce risque? Bien sûr, les deux dernières décennies ont quelque peu modifié leur attitude. Les méthodes de prise de conscience, les «leçons» d'affirmation de soi, les groupes de discussion, la génération du «moi», l'écoute du «moi» ont parfois réussi à percer la carapace des hommes. Il semble cependant que ces changements, obéissant aux goûts du jour, n'aient été que superficiels et passagers. Aujourd'hui, la mode semble de nouveau favoriser les «vrais hommes», taillés dans le marbre. Par conséquent, nombreux sont ceux qui se trouvent toujours emprisonnés dans leur solitude affective, captifs du rôle masculin qui les conduit au refoulement.

Bien qu'aujourd'hui de nombreux hommes ressentent plus clairement le besoin d'un épanouissement affectif, la définition du rôle masculin a étonnamment peu évolué: «être un homme» signifie toujours être fort, invulnérable et compétitif. Beaucoup d'hommes croient encore qu'ils doivent se prouver chaque jour qu'ils sont bien des hommes. En dépit de l'éclatement de certains stéréotypes, l'honnêteté et la franchise sur le plan affectif font toujours partie du prix que l'homme doit payer pour conserver sa virilité.

Au sein d'un couple, cette conception est génératrice de chagrin, d'incompréhension et de colère. Dans l'étude intitulée *Medical Aspects of Human Sexuality*, on a demandé à 400 éminents psychiatres de cerner les raisons pour lesquelles les mariages échouaient. Quarante-cinq pour cent d'entre eux ont déclaré que la principale cause de divorce aux États-Unis est l'incapacité de l'époux d'exprimer ses sentiments. Seulement 9 p. 100 des spécialistes ont blâmé l'incompatibilité sexuelle. À la suite d'une enquête menée auprès de 1 000 personnes, le Dr Michael McGill, auteur de *Changing Him, Changing Her*, a découvert que les femmes désirent en premier lieu que les hommes apprennent à parler de ce qu'ils ressentent, tandis que les hommes souhaitent que les femmes les comprennent sans qu'ils aient à s'exprimer.

Les femmes ont l'impression d'être exclues de la vie affective des hommes. Elles affirment que les hommes ne voient en elles que des compagnes de lit et des ménagères. Ils ne recherchent auprès d'elles ni amour ni amitié. Par conséquent, elles sont obligées de se tourner vers d'autres femmes pour connaître de vraies amitiés. Selon elles, les hommes permettent parfois l'intimité physique et l'épanouissement sexuel, mais refusent toute intimité affective et tout épanouissement personnel. Comme l'a exprimé une épouse frustrée, «nous sommes abandonnées devant la porte, que nous essayons parfois de forcer, après y avoir frappé à coups de poing».

Certains hommes se sentent menacés, troublés et assaillis parce qu'une femme leur demande l'honnêteté et la franchise sentimentales ainsi qu'un certain échange affectif. Après tout, il s'agit d'exigences qui ne seraient jamais venues à l'esprit des femmes des générations antérieures. Les vieux modèles de relations entre hommes et femmes, qui rendaient la vie si simple sinon plus enrichissante, ne suffisent plus. Même notre culture les rejette. Dans un monde où les valeurs changent, les hommes sont de plus en plus obligés de partager leur jardin secret. Il n'est plus si facile d'être un homme!

Pourquoi les hommes ne s'extériorisent-ils pas? Cette question nous a été posée par un groupe de femmes exaspérées lors d'une réunion à laquelle nous assistions, dans le cadre de recherches traitant des relations sexuelles. Alors que nous étions venus dans l'espoir de glaner quelques «tuyaux» utiles sur les préférences sexuelles des femmes, nous avons eu tôt fait de constater que la sexualité n'était pas véritablement au coeur de la discussion.

Ces femmes se réunissaient régulièrement dans un superbe appartement de l'avenue Central Park Ouest pour étudier des questions d'intérêt commun. Malgré leur scepticisme évident, elles nous ont autorisés à assister à l'une de leurs rencontres. La majorité des participantes travaillaient à l'extérieur; elles étaient séduisantes, élégantes, ambitieuses et capables de s'exprimer avec une telle aisance que nous n'avons pas tardé à nous sentir mal à l'aise. Elles cernaient nos problèmes d'hommes avec une telle perspicacité que pendant ces deux heures de discussion nous en avons plus appris sur la manière qu'ont les femmes de percevoir les hommes que pendant toute notre vie.

Jennifer, notre hôtesse, a déclaré: «En ce qui me concerne, lorsque tout va bien entre mon mari et moi, nos relations sexuelles sont épatantes. Lorsque ça va mal, nos relations sexuelles se détériorent. C'est aussi simple que cela.» Les autres femmes ont hoché la tête en émettant quelques murmures d'assentiment.

Puis Jennifer a ajouté: «La *relation* est au coeur même du problème. Mon mari n'a pas besoin d'un livre pour apprendre à faire l'amour. Il a besoin d'un livre qui lui expliquerait comment poser les bases d'une relation, comment dire «je t'aime», comment s'extérioriser et me laisser entrer dans sa vie.»

Les autres femmes ont toutes approuvé. Une voix s'est élevée du fond de la pièce: «Si seulement il pouvait trouver les mots!» C'est de cette prière qu'est né ce livre. Elle a été le point de départ de notre recherche sur la peur de l'intimité des hommes et les répercussions de cette peur dans leurs relations avec les femmes.

Une femme qui supplie son mari de lui parler ne désire pas simplement échanger des mots. Elle veut bien plus que cela. Tout comme le fait de dire «je t'aime» n'est pas suffisant pour prouver son amour, la conversation ne suffit pas pour créer l'intimité. Un homme peut se cacher derrière des mots et une verve masculine aussi facilement que derrière un mur de silence.

Pour ces femmes, «les mots» représentent le processus complexe grâce auquel une personne partage une partie d'elle-même avec quelqu'un d'autre. Elle transcende la conversation anodine de tous les jours afin de nouer un lien authentique. Cela peut se produire spontanément ou après réflexion, avec ou sans mots. Il peut s'agir d'une conversation tranquille au lit ou de phrases échangées au milieu du tintamarre de la cuisine à l'heure du dîner, d'un regard qui s'éloigne un instant du journal du matin ou de la vaisselle du soir, ou même du partage d'un silence apaisant.

Malheureusement, ces moments de plénitude ne sont que trop rares, surtout lorsque le couple a plusieurs années de vie commune derrière lui, lorsque la familiarité et l'indifférence ont remplacé les attentions des premiers jours. Plus nous parlions aux femmes, plus nous recevions le message: «Si seulement il pouvait trouver les mots.»

Ce même message, amplifié par des milliers de voix, a surgi d'une étude entreprise par le *Ladies' Home Journal* de janvier 1983. Contrairement aux études antérieures, cette étude a révélé que 82 p. 100 des 83 000 personnes qui avaient participé au sondage estimaient que leurs relations sexuelles étaient «satisfaisantes». Près de la moitié ont déclaré qu'elles faisaient l'amour trois à cinq fois par semaine. Le problème auquel faisaient face les épouses malheureuses se situait ailleurs: «Le facteur le plus important d'un mariage heureux, affirmait l'auteur de l'étude, (…) est la capacité des deux conjoints d'exprimer leurs sentiments… Lorsque nous avons cherché ce qui distinguait les épouses heureuses des autres, nous avons constaté que la fréquence avec laquelle l'époux manifestait verbalement son amour était l'un des facteurs les plus importants.»

Au cours des recherches qui ont précédé la rédaction de notre ouvrage, nous avons touché de près le problème auquel Jennifer et des millions d'autres femmes doivent quotidiennement faire face: des hommes qui refusent de parler, qui rejettent l'intimité, qui sont affectivement isolés et incapables de réclamer de l'aide. Pour la première fois, nous avons vu les hommes à travers les yeux des femmes.

Nous nous sommes aussi vus nous-mêmes. Au départ, il était facile de croire que le doigt accusateur de Jennifer était pointé vers les hommes en général, et non vers nous en particulier. Nous avons entamé nos recherches dans cet état d'esprit, en écoutant les récits d'isolement affectif de certaines personnes, en étudiant l'incapacité des autres hommes de communiquer, bref en essayant de comprendre pourquoi les *hommes* ne pouvaient s'extérioriser.

Cependant, la vérité nous attendait au tournant: notre décision de traiter le problème à la manière impersonnelle du chercheur était la preuve la plus convaincante que Jennifer avait raison. Et cette preuve nous brûlait les doigts. Nous avions tellement l'habitude de garder nos distances, sur le plan affectif, qu'il nous a fallu beaucoup de temps pour comprendre que nous n'étions pas seulement «juges» mais aussi «parties».

Progressivement, nous avons compris que le «problème de l'intimité» avait toujours été présent dans notre vie. Nous avions seulement refusé de l'admettre. Il était présent lorsqu'à l'école secondaire notre petite amie nous demandait de «bavarder quelques minutes» tout simplement. Il était présent lorsqu'une femme voulait entendre «ces deux petits mots» avant d'aller au lit. Il était présent lorsque les amis de sexe masculin ne se sont pas manifestés au moment où nous avions besoin d'eux. Il était présent aussi lorsque nous refusions de prononcer les mots malgré notre coeur débordant d'amour.

En tant qu'adultes, nous nous sommes regardés pour la première fois dans un miroir. Nous y avons vu le reflet d'hommes à peine reconnaissables. Dans ce livre, nous nous efforcerons donc de décrire ces images apparues dans le miroir. C'est un portrait de groupe dans lequel nous avons tous notre place.

Le rocher parle-t-il à la vague?

Pourquoi les hommes ne s'extériorisent-ils pas? Pourquoi s'efforcent-ils de maintenir une distance affective entre eux et les femmes tandis que ces dernières réclament l'intimité et l'entraide? Dans quelle mesure les besoins affectifs des hommes diffèrent-ils de ceux des femmes?

Bien entendu, nous risquons de généraliser la réponse. Toutes les femmes ne sont pas «ouvertes» et tous les hommes ne sont pas «fermés» sur le plan affectif. Mais il est vrai que chaque sexe exprime ses besoins affectifs de manière différente. Tandis que les hommes dissimulent fréquemment leurs sentiments ou les nient, les femmes les partagent avec enthousiasme. Tandis que les hommes gardent prudemment leurs distances, les femmes sont prêtes à apporter leur soutien affectif tout aussi aisément qu'elles sont prêtes à en recevoir. Pour être vraiment épanouie, une personne doit savoir donner et recevoir. Malheureusement, nombreux sont les hommes qui ne sont capables ni de l'un ni de l'autre. «Dans les affaires de coeur, nous a affirmé un psychologue, hommes et femmes s'expriment souvent dans un langage différent.»

«Notre maison était située sur une plage isolée», nous a raconté Judy, une séduisante femme de trente-cinq ans, aux cheveux blondis par le soleil, qui venait de se séparer de l'homme qu'elle avait épousé dix ans auparavant. «La mer était si proche que nous pouvions entendre les vagues se briser sur les rochers, jour et nuit. Vague après vague, après vague. Je me disais que

Tom et moi étions le rocher et la vague. Je me jetais constamment contre lui, je l'enveloppais, mais sans résultat. J'étais la vague, il était le rocher. Le rocher parle-t-il à la vague? J'imagine que si j'avais continué ainsi pendant des siècles, je serais parvenue à l'éroder un petit peu.»

Hommes et femmes sont souvent aussi différents sur le plan affectif que le rocher et la vague. Pour la plupart des gens, un homme doit être compétitif, fonceur, capable d'encaisser les coups et de poursuivre son objectif sans s'occuper du reste. Un homme est une montagne de force et d'indépendance, indifférente au flux des émotions et des sentiments qui déferlent autour d'elle. Il est, pour reprendre l'expression d'Ernest Hemingway, «une île dans le cours du ruisseau». En revanche, une femme parvient fréquemment à s'adapter à son environnement. Elle est accommodante, réceptive, capable d'être émue et d'émouvoir. Elle devient un élément de ce qu'elle rencontre, elle dialogue, elle prend, elle rend, elle réagit. Le Dr Virginia Sadock, psychiatre new-yorkaise, a déclaré: «Les hommes combattent généralement avec plus de force que les femmes pour obtenir ce qu'ils désirent. Une femme grandit en écoutant les autres. Elle s'efforce de leur plaire, et c'est ainsi qu'elle réussit à obtenir ce qu'elle désire. Les femmes sont plus sensibles aux regards approbateurs ou désapprobateurs des autres. Les hommes poursuivent leur petit bonhomme de chemin sans regarder à droite ni à gauche.»

Lorsque les deux pôles affectifs se rencontrent, lorsqu'un homme «fermé» et une femme «ouverte» sont réunis, il n'est guère surprenant de constater qu'ils ne parviennent pas à tisser des liens grâce auxquels pourrait se créer l'intimité tant désirée par l'un et l'autre.

Comment s'extérioriser

Bien que les hommes et les femmes expriment leurs besoins affectifs de manière différente, les besoins mêmes sont identiques. En fait, les efforts qu'un homme accomplit afin de s'extérioriser sont des efforts communs à tous les êtres humains. Ils s'intègrent à la lutte de chaque individu, homme ou femme, qui souhaite sincèrement partager ses sentiments. Ce partage n'est guère facile, car il doit être précédé d'une prise de conscience de soi et d'un épanouissement affectif. Avant de pouvoir offrir nos sentiments à autrui, il nous faut savoir exactement en quoi ils consistent.

D'après la psychiatre Karen Horney, chaque être humain possède un «moi véritable», une «force intérieure qui lui est propre et qui est à la source de tout épanouissement». Un individu sain, affirme le Dr Horney, peut «développer les forces vives de son «véritable moi»: la clarté et la profondeur de ses propres sentiments, ses pensées, ses intérêts, la capacité de puiser dans ses propres ressources, la force de sa volonté, les dons ou les talents particuliers qu'il possède, la faculté de s'exprimer et de nouer une relation avec autrui grâce à sa spontanéité».

Le Dr Horney décrit ce qui se passe lorsqu'une personne perd contact avec son «véritable moi» et cette description s'applique aussi bien aux hommes qu'aux femmes. Cependant, elle reflète avec une clarté inquiétante ce que de nombreuses femmes nous ont expliqué à propos des hommes qui partageaient leur vie. «Ses sentiments, affirme le Dr Horney, semblent avoir perdu leur intensité. Ils sont émoussés et nivelés... Comme si cette personne avait emprisonné son véritable moi dans une pièce insonorisée.» Il en résulte «un appauvrissement général de sa vie affective qui se manifeste par une perte de la sincérité, de la spontanéité et de la profondeur de ses sentiments ou, tout au moins, par une gamme plus restreinte de sentiments».

Au coeur de ce désert affectif, il est inévitable que le comportement d'un homme «fermé» soit encombré de stéréotypes et de faux espoirs. Selon les termes du Dr Horney, un homme «devient volontairement quelqu'un qu'il n'est pas. Il ressent ce qu'il *devrait* ressentir, il souhaite ce qu'il *devrait* souhaiter, il aime ce qu'il *devrait* aimer. Autrement dit, la tyrannie du «devrait» le conduit désespérément à devenir quelque chose d'autre que ce qu'il est ou pourrait être. D'ailleurs, dans son imagination, il est effectivement différent, si différent que son «véritable moi» ne peut que pâlir et s'effacer davantage».

L'extériorisation consiste à réunir l'être intérieur et l'enveloppe extérieure d'un homme, c'est-à-dire à renouer le contact entre ses sentiments et ses actes afin de leur rendre toute leur intensité et toute leur couleur. Des manifestations d'amour ou d'affection qui paraissent toutes naturelles exigent un effort énorme de la part de beaucoup d'hommes. «Je peux dire tranquillement «j'aime ma femme» ou «j'aime mes enfants», nous a révélé un homme, et c'est une grande victoire que je remporte sur moi-même. Pendant la plus grande partie de ma vie j'ai été incapable de le faire.»

Un homme «ouvert» est un homme libre. Parce que ses actes sont en harmonie avec ses impulsions, il peut être spontané. Parce qu'il ne dissimule plus ses sentiments aux yeux des personnes susceptibles de le blesser, il devient vulnérable. C'est un homme qui dégage une grande chaleur humaine car le noyau effervescent de ses sentiments, de ses désirs, de ses rêves gît toujours sous la surface de sa vie quotidienne. Il est, selon l'expression de Tom Lynch, qui dirige un groupe masculin de discussion à Roslyn (Long Island), «parfaitement conscient» de ce qui lui procure de la joie ou du chagrin. Il se connaît mieux, son «sens de l'orientation est plus aigu».

Les caractéristiques de l'homme «ouvert» constituent ce que Karen Horney appelle «la vie à coeur battant»: la faculté d'être naturel et sincère sur le plan affectif, et la capacité de se donner entièrement à ses sentiments, à son travail et à ses croyances.

Cependant, une personne «ouverte» n'est pas seulement spontanée. «La volonté d'exprimer nos sentiments», affirme le Dr Alan Stone, professeur de droit et de psychiatrie aux facultés de droit et de médecine d'Harvard, «est un élément important de la communication. Mais il faut absolument distinguer l'expression complaisante de sentiments, qui vise la manipulation d'autrui, du partage responsable de ses sentiments.

«L'expression narcissique des sentiments, nous a expliqué le Dr Stone, peut servir de fondement au chantage affectif, aux mauvais traitements, à un comportement geignard et ouvre la porte à toutes sortes d'abus psychologiques. Ce type de narcissisme, typique de la génération du «moi», coïncidait avec le mouvement en faveur de la réalisation de soi et de la découverte du potentiel humain. On encourageait les gens à communiquer leurs sentiments exactement comme ils les ressentaient, comme si toutes les relations étaient non pas humaines mais thérapeutiques.

«Cette conception des relations humaines a amené les gens à confondre le partage véritable de ses émotions et l'expression égocentrique de ses problèmes. Au sein d'un couple heureux, chaque partenaire doit consacrer un certain temps à écouter les problèmes de l'autre et à le réconforter. Malheureusement, je crains que pour certaines personnes «extérioriser ses sentiments» se limite à cela.

«Un homme qui s'extériorise doit satisfaire non seulement son propre besoin de défoulement mais aussi le besoin de tendresse de sa partenaire. Il a besoin qu'on l'aime, elle a besoin de l'aimer. S'il n'est pas conscient des besoins de l'autre, un homme croit qu'il s'extériorise alors qu'il ne fait que se parler à lui-même. L'extériorisation devient un apprentissage du narcissisme. L'autre personne devient le miroir dans lequel l'homme s'admire.

«Il faut encourager les hommes à partager leurs sentiments pour favoriser la naissance de l'intimité. Raconter nos problèmes à l'autre ne crée qu'une intimité partielle. L'intimité totale requiert la réciprocité.»

L'enfant qui vit en nous

Au fur et à mesure qu'un homme grandit et qu'il acquiert une personnalité d'adulte, il s'enveloppe d'une carapace de plus en plus épaisse, faite de maîtrise de soi et de refoulement. On lui apprend à nier ses émotions ou tout au moins à les traduire dans le langage de la virilité. S'il intègre ces leçons à sa vie quotidienne, il ne tarde pas à se renfermer dans sa coquille. À l'extrême limite, protéger sa propre virilité peut devenir plus important que nouer d'authentiques relations personnelles. L'amour qu'il porte à une femme devient un simple rapport de domination sexuelle, l'amitié qu'il ressent vis-à-vis des autres hommes se traduit par une poignée de main ou une tape dans le dos et l'amour à l'égard d'un enfant se manifeste par une discipline de fer.

Nous y perdons beaucoup. Il arrive que nos sentiments soient déformés. Trop d'hommes sont incapables d'exprimer la tendresse autrement que par la rudesse. Comme le langage de la virilité ne permet pas d'exprimer nos émotions, il n'est guère surprenant que ces émotions soient déformées.

Pour nous extérioriser, nous devons d'abord perdre cette maîtrise de soi et ce refoulement qui masquent l'innocence, la sincérité et la spontanéité qui se trouvent en chaque homme. Nous devons oublier le langage de la virilité et retrouver le langage du coeur. Trop d'hommes sont condamnés à passer toute leur vie adulte emprisonnés dans un lourd costume, le carcan de l'Homme. Pour s'extérioriser, pour s'épanouir sur le plan affectif, ils doivent renouer le contact avec l'enfant qui vit en eux. Ils doivent se libérer de ce carcan pour retrouver le plaisir du sourire, des larmes et du simple contact.

Les hommes *peuvent* s'extérioriser. Bien sûr, il n'existe ni solution miracle ni formule infaillible. L'homme qui lutte pour découvrir l'intimité affective a besoin de l'aide d'une femme. Chaque homme, chaque femme, chaque relation est un ensemble unique d'espoirs, de frustrations, de promesses, de limites et de joies. C'est pourquoi nous avons peuplé cet ouvrage d'hommes et de femmes qui se sont acharnés à créer cette intimité, d'hommes et de femmes dont les récits prouvent que la crainte de l'intimité, qui isole tant d'hommes, peut être vaincue.

Confessions de deux hommes «fermés»

Il ne s'agit pas de «confessions» au sens journalistique du terme. Point de scandale sensationnel, ni de ténébreux secrets. Mais pour un homme «fermé», la révélation la plus anodine est une expérience angoissante. Ces confessions ne sont que des épisodes de notre passé, rassemblés afin de cerner ce que signifie «être un homme» dans notre société: deux brefs autoportraits qui dépeignent la virilité et expliquent son développement au sein de deux vies distinctes et fort différentes.

Nous ne sommes ni des érudits ni des savants, mais simplement deux hommes qui, à l'instar de millions d'autres hommes, s'efforcent de comprendre pourquoi ils sont ce qu'ils sont. «Réflexions personnelles de deux profanes» pourrait être un autre titre approprié. Nos histoires ne sont pas extraordinaires. Beaucoup d'hommes pourraient en raconter de semblables... si seulement ils étaient capables de s'extérioriser suffisamment pour le faire.

Commençons par l'idée très répandue selon laquelle les hommes ont la vie plus facile. Il est indubitable que les hommes jouissent de certains privilèges et qu'ils profitent du contexte social et culturel. Néanmoins, ces avantages ne leur sont pas donnés. Ce que nous gagnons en pouvoir, nous le payons fréquemment en refoulement et en aliénation sur le plan affectif, sans oublier les infarctus et les décès précoces. «Alors que les femmes ont un handicap sur le plan des réalisations concrètes», déclare le Dr Barbara Lusk Forisha, directrice du département des sciences du comportement de l'Université du Michigan, «les hommes sont handicapés au point de vue affectif. Chaque sexe souffre des limites que son rôle lui impose.»

Tout au long de notre enfance et de notre adolescence, nous avons recherché la «virilité» avec une détermination farouche, voire maniaque, sans même savoir en quoi elle consistait exactement. Nous ne pensions qu'à partir en guerre contre l'insécurité qui nous écrasait dans les vestiaires, sur le terrain de jeux ou dans nos relations avec les femmes.

Au cours de cette lutte, nous avons été trompés à de nombreuses reprises et pas seulement par nos ennemis. On nous a raconté, par exemple, que les garçons ne pleuraient pas. Par conséquent, nous avons docilement refoulé nos sanglots de douleur afin de mériter les félicitations paternelles: «Quel grand garçon tu es! Tu n'as pas pleuré!» Nous ignorions alors ce que ces accolades allaient nous coûter.

Dès l'enfance, nos vies ont pris des chemins différents. L'un d'entre nous a grandi au sein d'un bourg du Middle-West, dans une atmosphère sportive de football, de camps d'été, de bals d'éudiants et du rituel «puis-je t'emprunter la voiture ce soir, papa?» L'autre, né de parents fonctionnaires, a vécu dans le milieu diplomatique et a grandi dans différentes villes du tiers-monde. Pourtant, en dépit de ces différences, nous nous sommes découverts des ressemblances frappantes sur le plan affectif. Face à l'intimité, nous partageons avec la majorité des hommes les mêmes craintes, encore inexplorées.

Greg: marquer des points

Je me souviens très clairement des jeux auxquels nous nous livrions lorsque j'étais enfant. Mon frère et moi faisions preuve d'une férocité qui, aujourd'hui, me paraît tout à fait disproportionnée. Même à cet âge, les hommes apprennent à se prendre très au sérieux.

Nous capturions des mouches à feu (c'était à qui en aurait

le plus), nous gagnions des médailles de mérite et nous luttions pour avoir la mainmise sur les autres enfants du quartier. Tandis que ma soeur invitait ses amies à prendre le thé et changeait sa voix pour parler à ses poupées, je faisais la guerre à l'aide de petites pommes. Divisés en deux équipes, nous nous bombardions de ces durs petits fruits rouges (les arbres croulaient sous les munitions) jusqu'à ce que l'une des équipes succombe sous les coups.

J'ai entendu dire que les jeux des filles et ceux des garçons avaient changé au cours des trente dernières années, mais pendant mon enfance, mes jeux et ceux de ma soeur étaient différents et on nous apprenait des leçons différentes. Pour moi, jouer consistait à marquer des points. Si quelqu'un suggérait un jeu sans compétition, il était tourné en dérision. «Pourquoi ne vas-tu pas jouer avec les filles?» Je m'amusais mais ce n'était pas là le but de l'exercice. Il fallait surtout marquer des points.

À l'époque, la différence entre ces deux conceptions du jeu m'était bien sûr étrangère. Je ne me rendais même pas compte qu'il manquait quelque chose à ma vie, que ma soeur acquérait non seulement la faculté d'exprimer ses sentiments, mais aussi l'habitude de l'intimité. Je grandissais en ignorant tout du langage des émotions et sans avoir été préparé aux exigences de l'intimité. Plus tard, lorsque j'ai noué pour la première fois une relation sentimentale, je suis entré dans un univers qui m'était pratiquement inconnu. En revanche, les femmes que j'ai connues savaient, tout comme ma soeur, de quoi il retournait.

Je suis persuadé que les médias, et notamment la télévision, ont contribué à faire de moi ce que je suis. Je regardais les westerns télévisés avec le fanatisme d'un martyr chiite: Le justicier solitaire, Matt Dillon, *The Rifleman*, Bronco Lane, Bret et Bart Maverick, les Cartwright, et tous les autres. J'étais un spectateur assidu de l'émission de Roy Rogers, en onde tous les dimanches soirs à sept heures. Lorsque je repense à cette émission qui me captivait tant, je m'aperçois que les relations affectives les plus intenses étaient celles qui unissaient Roy à son cheval Trigger et Pat Brady à sa jeep Nellie Belle. Inutile de préciser que ni Roy ni Dale ne parlaient de leurs problèmes sentimentaux.

Plus tard, à l'école secondaire, j'ai eu quelques liaisons maladroites avec des filles... et une relation extrêmement satisfaisante avec ma Chevelle Super Sport d'occasion. À l'instar de tant de jeunes garçons, je partageais quelque chose de spécial avec ma voiture. Elle représentait l'indépendance, la virilité, l'âge adulte et la puissance. Tandis que je luttais en vain pour comprendre ce qu'était l'amour, je comblais mon automobile de soins et d'affection. Les vrais hommes ne savent pas partager leurs sentiments mais ils n'ignorent certes pas comment traiter leur voiture! C'était l'une des choses que Roy m'avait apprises.

L'adolescence crée de nouvelles exigences. Le sport, et notamment le football (pour lequel j'éprouvais un amour sans rime ni raison), m'a appris que les épreuves doivent être savourées, que la douleur est bénéfique et que c'est dans la compétition que l'homme se réalise le mieux. Mais, comme d'habitude, je n'étais pas conscient des véritables leçons de la vie. Comme tous les joueurs défensifs de mon équipe, je voulais occuper le poste de demi de réserve, parce qu'il permettait de parcourir librement le terrain. Ce joueur n'était pas tenu de «marquer» un adversaire en particulier. Il pouvait choisir. Il avait le beau rôle, comme nos héros des westerns. Si seulement nous pouvions passer toute notre vie ainsi! À l'époque, aucun d'entre nous ne comprenait l'ironie du surnom hérité par le joueur occupant cette position sur le terrain: le «monstre».

Où ce chemin sinueux, sillonné d'ornières, a-t-il conduit l'adolescent que j'étais? Qu'est-il advenu du combattant de la guerre des petites pommes? Comme bien d'autres hommes, j'admets difficilement mes torts. Je suis toujours à la recherche de la femme «idéale», refusant de reconnaître que je suis loin d'être l'homme «idéal». Comme la plupart des hommes, j'ai besoin d'amour mais, aujourd'hui encore, je suis incapable de l'avouer. J'ai rarement dit «je t'aime», me contentant de répondre «moi aussi, je t'aime». Mon frère est décédé il y a une dizaine d'années et je n'ai pas encore versé une larme. Où sont donc passées les accolades?

Steve: l'éclaireur solitaire

Je dus m'accommoder de la solitude durant toute mon enfance. En Libye, l'une des affectations de mon père, je n'eus guère le choix: j'étais le seul enfant étranger de mon âge et les Libyens, xénophobes, empêchaient leurs enfants de jouer avec nous.

Un mois après notre arrivée, une troupe de jeunes filles aux yeux noirs épiaient ma soeur avec curiosité, sans pour autant quitter l'enceinte de leur villa. Ma soeur leur rendait la politesse. Un mois plus tard, elles venaient sauter à la corde devant notre maison. C'était une invitation que ma soeur accepta immédiatement.

Pendant ce temps, mon père, pour pallier ma solitude, demandait aux Boy Scouts of America l'autorisation de fonder une troupe pour éclaireur solitaire, troupe initialement créée pour les enfants des régions isolées des États-Unis. Sa demande fut acceptée et nous fondions la troupe pour éclaireur solitaire de Baïda, en Libye. Mon père assumait les fonctions d'éclaireur-chef et moi je devenais l'éclaireur solitaire. Au cours des années suivantes, tandis que ma soeur jouait à la poupée ou sautait à la corde avec nos petites voisines, je gagnais des médailles de mérite et effectuais des randonnées dans le désert.

Baïda était une ville magnifique, située sur les collines verdoyantes de la côte nord-africaine, surplombant le bleu irréel de la Méditerranée. Seul adolescent de sexe masculin de la communauté étrangère, j'eus tôt fait d'apprendre le langage de la vie mondaine de mes parents: celui des réceptions, des parties de bridge et des soirées diplomatiques. J'avais vaguement entendu parler de sexualité, comme tous les enfants de mon âge, mais j'ignorais tout de la chronique sportive. En revanche, j'étais imbattable en matière de politique nord-africaine, de prix du pétrole et de l'importance des bases américaines en Libye.

C'est dans ce triste état d'ignorance qu'à l'âge de quatorze ans j'entrais au pensionnat St.Andrew, dans le Delaware. Je me suis soudainement retrouvé entouré d'une horde d'adolescents dont la conversation m'était aussi étrangère que le chinois. Au lieu de parler de politique, d'économie internationale et de la défense des États-Unis, on ne s'intéressait qu'à deux sujets: St.Andrew gagnerait-il la coupe de football cette année et quels étaient les pensionnaires qui «l'avaient déjà fait».

Ces deux thèmes suscitaient continuellement l'intérêt des pensionnaires de cette petite institution somnolente, perdue au coeur du Delaware agricole. En quatre ans, je ne me souviens pas d'avoir noté une quelconque évolution des sujets discutés. Au cours de la dernière année, nous avions échangé quelques mots sur l'entrée à l'université, les projets des uns et ceux des autres mais inévitablement, la conversation revenait aux deux seuls sujets dignes d'intérêt: la saison de football et qui «l'avait fait».

À ce propos, vous noterez que nous demandions «qui» l'avait fait et non *pourquoi* il l'avait fait. Nous mettions l'accent sur l'acte même et non sur le contexte qui aurait pu lui donner un sens. Le pensionnat St. Andrew, en collaboration avec des écoles pour filles telles Madeira et St. Timothy, organisait régulièrement des bals. Je ne peux que deviner l'opinion des filles sur ces deux heures de contacts sociaux obligatoires, mais je sais que pour nous, il s'agissait d'un sport, au même titre que le football et l'aviron.

Certains réussissaient mieux que d'autres, bien entendu. Dans ma classe, le champion était indiscutablement Bill Strong, qui semblait sortir d'un roman de Dickens. Tous ses compagnons enviaient son succès auprès des filles, son assurance et sa réputation de tombeur.

Une année, peu avant le bal du printemps, à une période de l'année où la moindre allusion à la sexualité nous faisait entrer en transe, Bill Strong s'était levé dans le réfectoire pour boire un plein verre de sirop au chocolat Hershey. C'était un acte qui témoignait de sa totale assurance. À compter de ce jour, nul n'a plus douté de la supériorité de Bill Strong sur le plan sexuel. Nous nous étions levés pour l'applaudir en choeur.

Après le bal, un pensionnaire fit circuler un tableau statistique qu'il avait lui-même conçu. Il y indiquait les points accordés pour avoir touché certaines parties de l'anatomie d'une fille, les points pour l'avoir embrassée, etc. Inutile de préciser que ce tableau ne comportait aucune rubrique intitulée «partage d'un moment d'intimité affective».

J'arrivais à l'université convaincu que les relations avec le sexe opposé étaient un sport de compétition. Par conséquent, au lieu de faire face à l'univers inconnu des sentiments, je me suis retiré dans le monde plus familier du travail. Persuadé qu'il était plus judicieux de terminer mes études avant de me préoccuper de ma vie sentimentale, je passais mes journées dans la bibliothèque à rédiger des dissertations sur divers sujets tels «Wordsworth et la solitude», tout en jetant par la fenêtre des coups d'oeil envieux aux couples qui jouaient au «frisbee» sur la pelouse. Pendant mes études en droit, j'ai noué quelques relations mais je n'y ai jamais consacré le temps et l'attention qui en auraient fait des relations affectives dignes de ce nom.

Un jour, cependant, j'ai accepté de tomber amoureux, vraiment amoureux. Je n'ai pas été guéri de ma manie du travail mais j'ai été obligé de regarder mon problème en face. J'ai dû reconnaître que j'étais devenu un ergomane en bonne et due forme, totalement dépourvu de ressources sur le plan affectif. Je me cachais derrière une carapace d'activités incessantes. La routine du travail était préférable aux dangers cachés de l'intimité. J'avais peur de me mettre à l'épreuve, de devenir vulnérable en me rapprochant de quelqu'un d'autre.

Un soir de l'automne dernier, rentrant chez moi après seize heures d'entrevues, je trouvai un message sur la bande magnétique de mon répondeur automatique: la femme que j'aimais m'invitait au cinéma pour y voir le dernier film de Woody Allen. Mais j'avais un travail à terminer et je savais que j'y passerais toute la nuit. Je ne lui ai donc pas téléphoné sur-le-champ, ni le lendemain. Je ne l'ai rappelée que plusieurs jours plus tard pour m'apercevoir que notre relation avait reçu un coup fatal. J'ai justifié mon comportement en invoquant mon travail, ma carrière, mes priorités. Aujourd'hui, je sais que j'avais tort. Mes priorités étaient entièrement faussées. Je sais que plus je résisterai à toute intimité affective, plus il me sera difficile d'accepter les risques que comporte une relation sérieuse. Pourtant, quels que soient ces risques, ils ne sont rien en comparaison du danger que court celui qui ne veut même pas essayer.

Vous venez de lire le résumé de nos deux vies. Les contextes diffèrent peut-être, mais le thème est identique. Nous avons été élevés pour devenir des hommes «fermés». Les leçons que nous avons apprises — à table, dans les vestiaires, devant le téléviseur — avaient pour but de nous éviter toute intimité. En refusant les sentiments, nous avons cru échapper aux angoisses et à la déception des engagements affectifs. Depuis, nous avons découvert non sans douleur que nous avions tort.

Certains hommes parviennent à échapper à ce sort. Tout comme il existe des femmes «fermées», il existe des hommes «ouverts» qui, pour certaines raisons, ont réussi à se soustraire aux conditionnements. La culture qui nous a privés de nos sentiments est peut-être en évolution, mais il existe encore trop d'hommes comme nous, qui ont hypothéqué leur virilité et assumé le fardeau de la solitude en échange de symboles des plus superficiels d'une pseudo-virilité.

La rédaction de ce livre nous a amenés à interroger des centaines d'hommes qui s'étaient aperçus un jour que quelque chose manquait à leur vie. Ils nous ont raconté leur histoire et nous avons constaté que c'étaient fréquemment des femmes qui étaient responsables de leur «rédemption» affective. Nous avons aussi parlé aux femmes qui ont aidé ces hommes à mieux comprendre pourquoi ils étaient «fermés» et comment ils pouvaient changer. Enfin nous avons interrogé un grand nombre d'experts, de psychologues, de psychiatres et de psychothérapeutes qui ont consacré leur vie à aider les hommes à surmonter leur crainte de l'intimité.

Finalement, nous avons découvert qu'en dépit des causes invisibles et des handicaps séculaires la plupart des hommes «fermés» rêvent de partager leur intimité et d'exprimer leurs sentiments. Ils souhaitent être capables de manifester leur amour.

Pourquoi les hommes ne peuvent-ils pas s'extérioriser? C'est faux: ils le peuvent.

La peur de tomber

Comment le culte de la virilité
fait-il obstacle à l'intimité?

Le mouvement féministe est en partie responsable des importants changements survenus dans le comportement des hommes «fermés». Par exemple, un homme moderne, même «fermé», peut très bien assumer sa part des tâches ménagères, s'occuper d'un bébé et avoir, au travail, un supérieur de sexe féminin. La société a bien sûr évolué depuis l'époque de l'homme «fort et silencieux», mais les vieux stéréotypes culturels resurgissent lorsque l'homme éprouve le besoin de dire «je t'aime» ou lorsque vient le temps de partager sa vie affective et non plus uniquement les corvées ménagères.

Le coeur de l'homme est peut-être la «dernière frontière» du mouvement féministe. «Nous pouvons anéantir les stéréotypes qui ont condamné les femmes à demeurer au bas de l'échelle, sur le plan économique, social et politique, a déclaré la rédactrice en chef d'un important magazine féminin, mais si nous ne parvenons pas à éliminer les stéréotypes qui empêchent l'homme de dialoguer avec la femme, nous n'aurons remporté qu'une demi-victoire. Ce que je désire, personnellement, n'est pas différent de ce que désirent les autres femmes: une vie professionnelle et personnelle enrichissante. Si cela signifie que nous devons libérer les hommes, pourquoi ne pas y mettre autant d'ardeur qu'à notre combat pour l'égalité des sexes.»

Les hommes les plus touchés par les changements culturels de la dernière décennie sont, d'après les experts, des hommes très instruits qui exercent surtout des professions libérales, dans des domaines qui ont ouvert leurs portes à un nombre croissant de femmes. «Ma génération est différente des autres», nous a expliqué une jeune femme de vingt-huit ans de Milwaukee. «Je connais beaucoup de femmes qui ont épousé des hommes ouverts: ce sont des hommes qui rient avec elles, qui les aident à la maison et qui sont réellement leurs amis.»

Le D{^r} Alexander B. Taylor, psychothérapeute à Beverly Hills, tient cependant à nuancer les faits: «Certains jeunes hommes, parce qu'ils savent que c'est bien vu, se prétendent ouverts. Mais en fait, ils ne jouent qu'un personnage superficiel. L'extériorisation exige une réflexion sérieuse et profonde. Bien entendu, nous ne pourrons pas évaluer l'authenticité de certains changements avant quelques années. Seul le temps dira si cette génération est vraiment différente et si les relations entre hommes et femmes sont véritablement ouvertes et plus réciproques.»

«Autrefois, explique le D{^r} Alan Stone de Harvard, les femmes avaient tendance à développer leur être intérieur car le monde extérieur leur était interdit. En revanche, les hommes étaient tellement décidés à se réaliser dans ce monde extérieur, par leurs exploits, leurs découvertes, que le désir de développer leur être intérieur était considéré comme une attitude efféminée. Mais je crois que les stéréotypes sont en cours d'évolution.»

En d'autres termes, l'homme et la femme se heurtent au même mur, mais chacun de son côté. Les hommes recherchent la dépendance tandis que les femmes luttent pour acquérir leur indépendance. Les hommes souhaitent retrouver le monde intérieur de l'intimité, alors que les femmes explorent l'univers autrefois interdit de l'autosuffisance. Ce partage d'univers crée de nouveaux problèmes mais aussi de nouvelles possibilités. En lutte pour leur indépendance, beaucoup de femmes éprouvent à leur tour la crainte de l'intimité. Cependant, les chances de se découvrir soi-même, de se rapprocher de l'autre et de mieux le comprendre n'ont jamais été si grandes.

Le D{^r} Robert Garfield, professeur de psychiatrie à l'École de médecine Hahnemann de Philadelphie, estime que «la lutte des femmes, au cours de cette décennie, vise la découverte de leur identité. Les femmes se demandent ce qu'elles peuvent exiger d'elles, ce qu'elles sont en droit de réclamer et qui elles sont. La lutte des hommes vise la recherche de l'intimité; ils s'interrogent sur ce qu'ils peuvent accepter des autres, sur ce qu'ils peuvent donner et se demandent qui ils sont».

En quoi les hommes sont-ils différents?

Comme le suggèrent les docteurs Stone et Garfield, certains problèmes rencontrés par les hommes qui essaient de se débarrasser de leur crainte de l'intimité résultent du cloisonnement des sexes. Traditionnellement, les femmes devaient élever les enfants, protéger la cellule familiale et constituer la vie affective de la communauté. Les hommes, comme l'illustrent nos deux récits, étaient destinés à remplir des fonctions professionnelles au sein de la société et devaient pourvoir aux besoins de leur famille. Afin de leur faciliter la tâche, on incitait les jeunes gens à acquérir certaines compétences et à adopter certaines attitudes.

Il existe peut-être aussi des raisons plus profondes, plus fondamentales, qui expliquent le manque d'intimité chez l'homme. Récemment, des chercheurs ont fait certaines découvertes concernant le développement du cerveau des foetus mâles et femelles. Les résultats préliminaires, controversés, tendent à démontrer que le côté gauche du cerveau, qui détermine les fonctions verbales et cognitives, se développe plus rapidement chez les petites filles que chez les petits garçons. Il semble par ailleurs que le côté droit du cerveau, qui régit les fonctions visuelles et spatiales, se développe davantage chez les garçons. Il en résulte — la plupart des mères et des instituteurs des classes maternelles vous le confirmeront — que les petits garçons ont plus de difficulté à s'exprimer verbalement que les petites filles. Cette différence physiologique finit par s'estomper, mais pendant les premières années d'apprentissage, les garçons ressentent parfois une certaine insécurité lorsqu'il s'agit de s'exprimer; ils se retranchent alors dans le monde des jeux manuels et de l'interaction visuelle, pour lesquels ils sont génétiquement destinés. Il arrive fréquemment que cette insécurité persiste chez l'homme adulte. Les garçons préfèrent les mathématiques et l'éducation physique tandis que les filles sont attirées vers la lecture et la rédaction; ces mêmes garçons, une fois plus âgés, dévorent avidement les photographies de *Playboy* tandis que les filles lisent des romans à l'eau de rose.

Quelles que soient leurs prédispositions, il est évident que les enfants apprennent les modèles culturels par les jeux. L'écrivain Julius Lester se remémore ainsi son enfance: «(...) Les filles étaient assises à l'ombre des perrons et jouaient à la poupée, avec leurs cuisinières et leurs réfrigérateurs miniatures. Quelle belle vie, pensais-je alors! Elles n'étaient pas constamment obligées de se prouver qu'elles étaient les meilleures. La compétition n'existait pas. Tandis que je m'humiliais sur le terrain de football ou de baseball, les filles me regardaient jouer et se moquaient de moi. Elles n'avaient rien d'autre à faire que d'être des filles. Chaque jour qui se levait me plaçait sur la ligne de départ d'un nouveau décathlon olympique alors que je n'avais même pas l'espoir de finir la journée avec une médaille de bronze... Les filles n'avaient rien d'autre à faire que d'être des filles.»

Cet «entraînement» masculin, qui est composé à parts égales d'exhortations et d'humiliations, forme un type d'homme très particulier: obsédé par le but à atteindre, compétitif, autoritaire et indépendant. En bref, un homme «fermé» incapable de s'exprimer. Bien entendu, ce ne sont pas tous les hommes qui possèdent toutes ces caractéristiques et nul, nous l'espérons bien, ne se conforme en tous points au modèle présenté ici. Mais chacun de nous est constitué d'une partie de ce modèle. Qu'elle revête la forme de la compétitivité, de l'obsession du but, du besoin d'autorité ou d'indépendance, elle se dresse entre nous et la véritable intimité.

Compétitivité et obsession du but

La plupart des hommes sont conditionnés dès l'enfance à poursuivre des buts. Ils comprennent très tôt que le but du jeu est de marquer des points. Mais l'intimité, entre autres, consiste à apprécier la compagnie de quelqu'un d'autre, à vouloir être avec cette personne non pas par affaire mais simplement pour sa présence, pour échanger des observations, des idées et des sentiments. Ce type de conversation à bâtons rompus est presque inconnu des hommes pour qui chaque minute doit être «productive», chaque action calculée.

«La plupart des hommes ont besoin de motiver tout ce qu'ils font, nous a dit une femme de Portland (Maine), car chaque fois qu'ils rencontrent quelqu'un, il doit y avoir une raison. Ils doivent *faire* quelque chose ensemble. Le simple fait *d'être* ensemble ne suffit pas. C'est pourquoi ils parviennent difficilement à développer les liens affectifs que développent les femmes, le type de lien qui vous permet de parler de n'importe quoi, de vos états d'âme les plus profonds ou du prix du jambon.» Un homme n'est évidemment pas censé discuter du prix du jambon. Il doit se contenter de l'apporter à la maison.

«Avez-vous déjà remarqué, nous a demandé une Bostonienne appelée Bonnie, que chaque fois qu'un homme appelle un ami pour l'inviter à déjeuner, on lui pose une question du genre: «Que se passe-t-il?» ou «Quoi de neuf?» ou «Que puis-je faire pour toi?» Mais lorsqu'une femme invite une amie à déjeuner, la réponse est simplement: «D'accord» ou «Quand?» Les femmes ont l'habitude de se rencontrer simplement pour le plaisir de se rencontrer. C'est un plaisir et un luxe interdits à beaucoup d'hommes.»

Chez la plupart des femmes, la conversation a toujours été un aspect important de leur vie affective, non pas tant pour l'échange d'informations précises que pour le maintien du processus de communication. «Les sentiments sont le fondement même d'une relation, nous a affirmé une dessinatrice de mode de Los Angeles, mais ce sont les mots qui forment l'enveloppe extérieure.»

Le principal problème de communication d'un homme «fermé» est son incapacité d'apprécier la valeur des banalités. Cependant, dans une relation humaine, peu de choses sont véritablement banales. Ce qui paraît ordinaire ou insignifiant est en réalité le ciment qui unit deux personnes qui s'aiment, ce qui rend l'intimité possible. Lorsqu'un homme rejette la conversation à bâtons rompus parce qu'il la considère stupide, puérile et sans objectif précis, il repousse en même temps l'intimité qu'il souhaite.

Dans une relation, comme dans un match, les hommes ont besoin d'objectifs pour donner un sens à leurs efforts. D'où l'importance de la conquête aux yeux des jeunes gens. Lorsqu'il relève un défi, l'homme est capable de rassembler toutes les forces nécessaires pour réussir, y compris un début d'honnêteté affective. Mais avec la victoire, après le «oui» de la femme, après la consommation de la relation (sexuellement, affectivement ou matrimonialement), les problèmes surgissent. Trop souvent, parce qu'il n'aperçoit plus devant lui un but clairement défini, l'homme perd tout intérêt et tout désir. L'*arrangement* demeure, par commodité, par besoin ou à défaut d'autre chose, mais le coeur n'y est plus.

L'incapacité de l'homme «fermé» de vivre sans buts précis affecte même sa manière de faire l'amour. L'objectif est des plus simples: c'est l'orgasme. Une participante du *Rapport Hite* a remarqué que les hommes ne font pas l'amour pour des raisons biologiques ou affectives mais parce que l'acte sexuel est un élément essentiel de leur virilité.

L'objectif n'est pas entièrement égocentrique: les femmes y jouent un rôle. Mais pour beaucoup d'hommes, il s'agit d'un jeu, comme n'importe quel autre jeu. Les hommes «ne font pas l'amour dans le but de partager une expérience agréable, affirme le Dr Mary Calderone, éminente sexologue. Ils sont des exécutants, obligés de se prouver eux-mêmes qu'ils sont les meilleurs. Ils veulent la victoire, ils en ont besoin. Ils réclament l'enthousiasme et les applaudissements de leur auditoire. L'orgasme de leur partenaire est la médaille d'or qu'ils convoitent et la preuve de leur réussite sur le plan sexuel».

Cette attitude des hommes se manifeste dans tous leurs contacts physiques avec les femmes. Pour un homme «fermé», chaque contact doit avoir une raison d'être. Les femmes se plaignent régulièrement du fait que, chaque fois que les hommes les enlacent, les caressent ou les serrent dans leurs bras, c'est pour procéder immédiatement à l'acte sexuel.

Le Dr Marc H. Hollender, directeur du département de psychiatrie à la faculté de médecine de l'Université Vanderbilt, explique ainsi la situation: «Lorsqu'une femme désire être enlacée et rien de plus, il se peut que son message ne soit pas compris par son partenaire. Elle établit une distinction entre son désir de tendresse et son désir sexuel. Lorsque l'homme fait des avances sexuelles à la femme qui veut simplement de la tendresse, celle-ci se sent traitée sans considération. Et lorsqu'elle repousse les avances de l'homme, celui-ci a l'impression qu'elle s'est moquée de lui. Il est évident que ce quiproquo résulte d'un manque de communication.»

L'obsession du but peut être dangereuse pour une relation. Quant à l'esprit de compétition, il est carrément mortel. Les jeux et les sports apprennent au garçon à considérer dès son enfance chaque épreuve de la vie comme une compétition. «La victoire n'est pas seulement importante: elle est sa seule raison de vivre.» Ce n'est pas par hasard que les sports et la guerre captent l'attention des hommes et meublent presque toutes leurs conversations.

Bien sûr, depuis une dizaine d'années, nous constatons que les femmes peuvent se montrer tout aussi compétitives que les hommes, non seulement sur le terrain de jeu mais aussi sur le marché du travail. Ce qui distingue réellement les hommes des femmes n'est pas leur degré respectif de compétitivité, mais le choix de leur terrain de jeu. La plupart des femmes acceptent la compétition lorsque les enjeux en valent la peine, mais la majorité des hommes se battent pour le seul plaisir de se battre, montrant les dents même lorsque la situation est loin de l'exiger.

«Dès son réveil, nous a raconté une femme au foyer de Lincoln (Nebraska), il faut que mon mari me prouve sa supériorité. Il m'explique qu'il s'est levé plus tôt que moi et que cela fait de lui quelqu'un de supérieur. Il affirme qu'il fait de la course à pied plus régulièrement, ou qu'il travaille plus que moi à la planification de nos vacances. Tout n'est que concours. Il est même incapable de jouer avec les enfants sans essayer de remporter la victoire.» Un homme à qui on apprend depuis sa plus tendre enfance à se montrer compétitif, même s'il s'agit de faire l'amour ou d'élever des enfants, a moins de chances de connaître le respect et la confiance mutuelle, les deux pierres angulaires d'une relation durable.

Indépendance et autorité

«Les westerns américains n'ont jamais été inventés pour relater l'histoire de la conquête de l'Ouest, nous a expliqué une productrice d'émissions télévisées. Ils ont été inventés pour glorifier la virilité des Américains. Les histoires sont conçues à partir d'une seule et même trame: un brave type se bat contre les forces de la nature, contre les Indiens ou contre les méchants. S'il y a une femme dans l'histoire, elle meurt généralement au début pour permettre au héros d'accomplir son destin. Ce type ne risquerait jamais sa vie si sa femme l'attendait dans les coulisses. Un homme qui a une femme et des enfants accepte les compromis. Un homme seul peut relever tous les défis et livrer tous les combats. Pour être un homme, notre cow-boy américain se devait d'être un cavalier solitaire.»

Ce besoin de se retrouver seul face à son destin touche tous les hommes. On le constate autant dans leurs relations avec autrui que dans leur attitude face au travail. Afin d'être véritablement indépendant, un homme doit repousser les exigences de ses proches. L'indépendance ressemble à la loyauté, a déclaré un cadre supérieur de la revue *Harvard Business Review*. Elle va et elle vient. «Vous ne pouvez exprimer votre indépendance lorsque vous la ressentez, parce qu'elle représente quelque chose d'absolu. Si vous êtes loyal 90 p. 100 du temps et déloyal le reste du temps, serez-vous considéré comme quelqu'un de loyal? Eh bien, il en va de même avec l'indépendance. Vous êtes ou dépendant, ou indépendant, mais pas les deux.»

Cette volonté d'indépendance absolue pousse l'homme à réagir défavorablement aux demandes d'autrui. Il refuse de dire à sa femme où il va. Il s'irrite lorsqu'elle accepte des invitations à son nom. Il refuse de lui donner de l'affection lorsqu'elle le lui demande. Après tout, aucun homme ne peut accepter que quelqu'un ait autorité sur lui, aussi bien sur le plan physique que sur le plan affectif. Lorsqu'il se permet une certaine intimité affective, il pose ses conditions: «Tu n'exigeras rien de moi.» Selon lui, répondre aux exigences d'autrui équivaut à abdiquer son indépendance et son autorité. Par conséquent, il trouve plus facile d'apporter son soutien à une femme qui ne le demande pas, de lui donner son amour si elle ne l'exige pas et de répondre à des questions qu'elle n'a jamais posées.

S'il veut conserver son indépendance affective, un homme «fermé» doit maîtriser ses émotions. Il ne doit pas se laisser dominer par elles. Il peut ressentir de la douleur — physique ou morale —, mais il ne doit pas le montrer. Il doit taire ce qu'il ressent et ne révéler au monde que ce qu'il décide de révéler. «Plus il souffre, moins il le montre», nous a déclaré une jeune femme de Kansas City à propos de son ami. «Il a pleuré lorsque les Chiefs de Kansas City ont perdu le Super Bowl, mais il n'a pas versé une seule larme à la mort de son père. Ç'aurait été manifester sa douleur.»

La douleur, physique et morale, est un élément de la virilité. À l'école, les garçons se sentent obligés d'entrer en compétition les uns avec les autres, ce qui rend la douleur et les blessures presque inévitables. Au cours de la dernière décennie, plusieurs se sont plaints de certains programmes sportifs des écoles secondaires et primaires. Entraîneurs et parents reléguaient au second plan la souffrance physique: les joueurs blessés étaient fréquemment anesthésiés puis renvoyés aussitôt sur le terrain, leurs blessures dégénérant parfois en de véritables infirmités. Tout cela pour satisfaire l'obsession masculine de la victoire.

On félicite un homme qui refoule ses sentiments, mais on le condamne lorsqu'il les révèle. Le jour où Edward Muskie, debout dans la neige du New Hampshire, a défendu avec passion sa femme qui était l'objet d'une campagne de diffamation, il a eu les larmes aux yeux en avouant son amour pour elle. Selon la majorité des analystes politiques, ce sont ces larmes qui ont coûté à Muskie sa nomination comme candidat démocrate aux élections présidentielles de 1972. Comme l'a déclaré un commentateur de l'époque: «Est-ce qu'un homme qui pleure est capable de négocier avec les Russes?»

«Lorsqu'un film me donne envie de pleurer, je pleure, nous a expliqué une Bostonienne célibataire, âgée d'une trentaine d'années. À un moment donné, probablement au berceau, on m'a appris qu'il était normal que je pleure. Un homme, en revanche, n'a le droit de pleurer que si sa famille entière a été massacrée. S'il revient chez lui et n'y trouve que ruines et morts, il a le droit de verser une larme ou deux. Je ne crois pas que les hommes naissent incapables d'exprimer leurs émotions. Je crois que c'est la société qui les a amputés de cette capacité.»

«Je n'avais jamais vu mon mari pleurer, nous a raconté une quinquagénaire de Chicago. Nos difficultés financières, la mort de ses parents, sa longue maladie, rien ne l'a poussé à verser une larme. Mais quand notre fils est mort dans un accident, il s'est effondré. À l'enterrement, voyant chacun des amis de notre fils, il a éclaté en sanglots. Il avait été de marbre pendant toutes ces années mais à partir de ce jour-là, tout a changé.» Les rares fois où les hommes avouent qu'ils ont pleuré, ils utilisent l'euphémisme «je me suis laissé aller». Cette expression révèle à quel point ils considèrent les larmes comme une trahison: ils ont écouté leurs sentiments au détriment de leur virilité.

Il en va de même pour toutes les autres émotions: le plaisir, la tristesse, la crainte et l'amour. Même si un homme éprouve ces sentiments, il filtre soigneusement ce qu'il veut exprimer. C'est pour cette raison qu'un homme, même s'il aime profondément une femme, juge peu viril de se montrer passionné.

Dans *La Sexualité masculine*, le Dr Bernie Zilbergeld remarque que les hommes apprennent très tôt qu'il n'y a qu'une gamme très restreinte d'émotions qui leur est permise: l'agressivité, la colère, la jovialité et tous les sentiments liés à la maîtrise de soi. Un peu plus tard dans leur vie, les désirs sexuels s'ajoutent à la liste. La faiblesse, la confusion, la peur, la vulnérabilité, la tendresse, la compassion et la sensualité ne sont permises qu'aux filles. Un garçon qui ressent ces émotions risque d'être la risée de ses camarades ou de se faire traiter de «fillette». Et quoi de plus catastrophique?

Être un homme signifie ne jamais s'abandonner à ses émotions. Un homme, même s'il ressent certains sentiments, ne doit jamais se laisser dominer par eux. Ce n'est qu'en les maîtrisant qu'il peut surmonter les obstacles et les épreuves de la vie. C'est la raison et non le coeur qui doit gouverner.

L'homme «fermé» vit comme un acteur qui ne quitte jamais la scène. «Les hommes apprennent à jouer la comédie, nous a expliqué un psychiatre new-yorkais. Ils apprennent à feindre l'assurance lorsqu'ils sont pris de panique, la compétence lorsqu'ils sont ignorants et l'intérêt lorsqu'ils ne ressentent que de l'indifférence. Ils vont jusqu'à simuler — aussi étonnant que cela puisse paraître — l'orgasme lorsqu'ils sont incapables d'en avoir un.» Les hommes doivent rejeter, refouler ou ignorer leurs sentiments au profit de la réaction appropriée. Un homme ne peut pas se demander: «Comment est-ce que je me sens?» Il doit se demander: «Comment dois-je me sentir?»

«Mon ex-mari ne riait pratiquement jamais, nous a raconté une divorcée de trente-cinq ans. Je lui disais fréquemment: «Mais ris donc un bon coup, ça ne coûte pas cher et ça ne te fera pas grossir.» Mais il ne riait pas. Parfois il souriait. C'était tout. Il n'était jamais ni très enthousiaste, ni très triste, ni très troublé. Sa vie était monotone et insipide. Il ne s'intéressait à rien. Je me disais souvent: «Nous sommes tous invités au banquet de la vie tandis que lui est au régime.»

Chaque culture, à l'instar de tout groupe, possède ses rites initiatiques. Mais dans notre société, les rites de la virilité sont particuliers. Contrairement aux initiations habituelles où il y a acquisition d'un statut, celle de la virilité est toujours à recommencer. La virilité n'est jamais acquise. La plupart des hommes ignorent la signification exacte du terme «virilité» et se demandent continuellement si leur comportement est bien en accord avec la virilité.

Ce sont ces leçons qu'un jeune homme apprend sur les terrains de jeu, au cinéma et à la télévision: jour après jour, l'homme doit lutter pour refouler ses émotions, affirmer son indépendance, poursuivre ses objectifs avec acharnement et surpasser ses concurrents. Dans certaines situations précises, ces leçons lui seront utiles. Par exemple, elles lui permettront d'acquérir de la force au sein d'un monde où la concurrence est de plus en plus serrée. Elles donneront à sa famille un sentiment de stabilité et de sécurité.

Mais si elles lui permettent des rapports sociaux plus harmonieux, ces leçons de virilité rendront sa vie intérieure plus tourmentée. Une femme qui désire comprendre l'incapacité des hommes à s'extérioriser trouvera dans ces leçons une partie de la réponse.

La destruction
des mythes

La femme qui tente d'élucider le «silence» affectif des hommes, se heurte inévitablement aux mythes qui entourent les hommes «fermés». Ces mythes ont des origines diverses: historique, légendaire, culturelle, voire scientifique. Souvent les hommes eux-mêmes les invoquent pour justifier leur incapacité de communiquer. «Chaque fois que je le supplie de me parler, nous a révélé l'épouse d'un jeune médecin de Minneapolis, il me répond qu'il n'en est pas capable car il est Suédois.»

Les femmes ont aussi tendance à invoquer ces mythes pour expliquer l'incapacité des hommes à communiquer leurs sentiments. Exaspérée contre l'homme et sa peur de l'intimité, la femme recherchera inévitablement des explications sensées. Qu'ils soient utilisés par les hommes comme moyens de défense ou par les femmes comme moyens de consolation, ces mythes sont des obstacles à l'intimité authentique. Seule une véritable compréhension peut les éliminer.

Le mythe des hormones mâles

Beaucoup de femmes et d'hommes sont persuadés que la crainte de l'intimité affective des hommes est une caractéristique génétique mâle, présente en eux dès leur naissance. Au même titre que Lucy, l'irascible personnage des *Peanuts*, désagréable à cause de ses «gènes désagréables», les hommes sont «fermés» à cause de leurs «gènes fermés». D'après cette théorie, les hommes ne peuvent pas plus s'extérioriser que les chiens ne peuvent ronronner.

«Tout le monde dit que les hormones mâles sont responsables du comportement des hommes parce que nous sommes tous tombés dans un piège extraordinaire», affirme le Dr John Money, directeur du service de recherche psychohormonale de l'hôpital Johns Hopkins, à Baltimore. «Il n'existe pas d'«hormone mâle» proprement dite, susceptible de provoquer chez l'homme un certain comportement.

«Il existe trois hormones sexuelles (l'oestrogène, la testostérone et la progestérone), présentes chez l'homme et chez la femme. Ainsi vous savez sûrement que les hommes n'ont pas le monopole de l'agressivité et de la rage. Avez-vous déjà vu une femme, une lionne ou une tigresse en train de protéger ses petits? Tout ce qu'on peut affirmer, d'un point de vue scientifique, c'est qu'il existe un seuil qui permet aux mâles de défendre plus facilement leur territoire, de le protéger contre les concurrents, les rivaux et les maraudeurs.

«C'est aussi une question de limite qui permet aux femmes de défendre avec agressivité leurs petits. Les différences entre les sexes, sur le plan des réactions affectives et sur tous les autres plans, à l'exception des questions de lactation et de reproduction, sont en réalité des différences présentes chez les deux sexes. Seul le *seuil* varie d'où les différences de comportement. Par conséquent, on ne peut pas dire que les mâles réagissent d'une manière et les femelles d'une autre. C'est uniquement une question de seuil.

«Je possède de très jolies photos de singes. Je me rappelle d'un bébé singe présenté à une femelle et de la réaction spontanée de celle-ci. Une scène spectaculaire. Elle s'était mise immédiatement à son rôle de mère, à cajoler le bébé et à montrer les dents à quiconque s'approchait de lui.

«Le bébé avait ensuite été laissé près d'un mâle adulte qui se montrait indifférent devant le petit qui le cajolait. Au bout de cinq minutes de harcèlement constant, le mâle s'était attendri. Le message était parvenu à son cerveau, il agissait exactement comme la femelle l'avait fait.»

Le lien affectif unissant un père à son enfant n'est pas nouveau. Bien qu'attesté que récemment par des chercheurs scientifiques, l'authenticité de ce lien est d'ores et déjà reconnue dans la culture populaire. Le film *Kramer contre Kramer*, gagnant d'un Oscar, met en scène un père indifférent, préoccupé seulement par sa carrière. Le départ de sa femme le force à s'occuper de son fils, à répondre à ses besoins affectifs et à l'aimer comme une mère. Comme dans le cas du singe mâle, le seuil à franchir pour éveiller le comportement «maternel» est plus élevé chez l'homme que chez la femme.

Le même thème a été repris par la fiction populaire, les films, les contes pour enfants et le folklore: l'homme solitaire au tempérament grincheux conquis par l'amour d'un enfant. Des *Contes de Noël* de Dickens jusqu'à *Annie*, le mythe des hormones mâles, selon lequel les hommes sont *naturellement* froids et inaccessibles, a été rejeté à plusieurs reprises. Les hommes ont peut-être besoin d'être sollicités, mais ils sont capables de franchir le seuil de l'intimité affective.

Un homme peut donc répondre au besoin d'intimité d'une femme. Selon le Dr Money, la seule différence réside dans le plus grand nombre de stimuli exigés par l'homme. Son seuil n'est pas aussi bas que celui de la femme. Mais si elle persiste dans ses tentatives, il finira par réagir. Le potentiel est là.

Le mythe du soutien de famille

«Je crois que mes fils ont une vie plus facile que la mienne, nous a expliqué un ancien officier de la Marine qui vit à San Diego. Cette fameuse «libération» a fait du bien à tout le monde. Elle permet d'être davantage soi-même. Mais pour être franc, je vous dirai qu'il existe une limite. En fin de compte, les hommes et les femmes sont faits différemment.»

Cette dernière phrase est la pierre angulaire du mythe du soutien de famille: les hommes et les femmes sont faits différemment. Le sexe le plus fort, le sexe masculin, a été créé pour protéger et nourrir sa famille. Le sexe faible a été conçu pour s'occuper des petits et de la maison. C'est à cause de ces rôles «naturellement» différents, dit-on, que les hommes et les femmes possèdent des personnalités différentes. Les hommes sont durs car le monde du travail est dur. Les femmes sont douces parce qu'elles sont et ont toujours été protégées des rigueurs du monde extérieur. Parce qu'ils doivent être durs, les hommes hésitent à montrer leur vulnérabilité. La tâche nourricière des femmes les pousse à s'ouvrir.

De récentes recherches ont cependant révélé que la distinction entre l'Homme pourvoyeur et la Femme ménagère est relativement nouvelle. Les hommes ne naissent pas durs et agressifs, pas plus que les femmes ne naissent douces et maternelles. Dans *Masculinity and Femininity*, deux psychologues de l'Université du Texas, Janet T. Spence et Robert L. Helmreich, ont suivi le développement des rôles de chaque sexe à travers les siècles. Ils ont découvert que dans les sociétés agricoles (les États-Unis ont bel et bien été une société agricole jusqu'au début du siècle), il y avait trop de travail aux champs et dans la cuisine pour dispenser les femmes de certaines tâches sous le prétexte d'une faiblesse musculaire. Les femmes devaient donc préparer le pain quotidien en plus d'aider à la récolte du blé.

Lorsque la révolution industrielle a attiré les familles de fermiers à faible revenu vers les grands centres urbains, les femmes ont été forcées de travailler à l'extérieur, au même titre que leurs maris. Peu de familles pouvaient se permettre de laisser une femme en pleine santé ne s'occuper que du ménage et des enfants; les femmes devaient contribuer au revenu familial.

L'industrialisation permit à de plus en plus de familles pauvres d'accéder à la classe moyenne. C'est à partir de ce moment-là que «la contribution économique d'un nombre croissant de femmes s'est limitée aux tâches familiales. La distinction entre les fonctions instrumentales et expressives s'est accentuée et on répandit la notion des qualités personnelles différentes des hommes et des femmes».

Spence et Helmreich concluent que les rôles attribués à chaque sexe ne sont pas immuables. Ils ne sont liés ni à la musculature, ni aux organes sexuels, ni à un autre élément de l'anatomie humaine. Ils changent, parfois radicalement et rapidement, en fonction des circonstances. C'est seulement depuis quelques générations que les femmes se sont mises à jouer le rôle de «ménagères maternelles» et les hommes à celui du chasseur qui part affronter le monde extérieur. Et dire qu'il y en a qui considèrent que ces rôles sont «naturels».

Comme les hommes et les femmes jouent sensiblement les mêmes rôles au travail, la distinction entre leurs rôles tenus ailleurs — à la maison ou dans le couple — n'a plus sa raison d'être. Les rôles du «pourvoyeur» et de la ménagère, tels qu'ils se sont développés au cours des cinquante dernières années, et la notion selon laquelle certaines activités, certains rôles, voire certaines personnalités, sont typiquement masculins ou féminins, relèvent aujourd'hui du mythe.

Tout comme les femmes peuvent être agressives et affectueuses, ambitieuses et maternelles, les hommes peuvent être affectueux et compétitifs, ouverts et fermés. Le corps d'un homme ne le condamne pas au rôle de soutien de famille et à la vie difficile et peu enrichissante qui y est associée. La seule constante dans le comportement humain est la faculté d'adaptation.

Le mythe de l'amant latin

D'après ce mythe, les hommes de culture «latine» sont plus ouverts et plus portés vers l'intimité affective que les hommes des autres régions. Qu'ils soient d'origine grecque, italienne, espagnole ou de toute autre origine méridionale, ces hommes sont presque toujours plus émotifs et plus expressifs.

Le revers du mythe est que les hommes d'origine anglo-saxonne ou scandinave sont à l'image de leur pays natal, c'est-à-dire plus froids et plus réservés. Les femmes qui vivent avec des hommes affectivement réticents accusent souvent l'origine ethnique de leur conjoint. «Mon mari est un Anglo-Saxon de Nouvelle-Angleterre jusqu'au bout des ongles», nous a révélé une Bostonienne avec un soupir de résignation. «Je vous jure que lorsque ses parents entrent chez nous, la température ambiante chute d'au moins dix degrés.»

Le mythe de l'amant latin est invoqué pour expliquer une large gamme de différences affectives, du caractère au tempérament, et des gestes à l'ouverture affective. Les experts sont néanmoins sceptiques. «Les hommes d'origine méridionale ne sont pas nécessairement plus à l'aise sur le plan affectif que leurs cousins «nordiques», déclare la psychiatre Virginia Sadock. Ils sont peut-être plus démonstratifs mais l'expression de leur vulnérabilité est tout aussi difficile.»

Le Dr Alan Stone de Harvard est d'avis que les hommes d'origine latine éprouvent en réalité plus de difficultés que les autres à exprimer leur vulnérabilité en raison de leur machisme exacerbé. «Dans de nombreuses cultures, explique le Dr Stone, même si les hommes paraissent être très «ouverts», le machisme fait obstacle à une ouverture réelle dans d'autres domaines.»

En fin de compte, l'origine ethnique ne fait que fixer les frontières de la vie affective d'un homme. Elle aide à façonner le style de ses relations avec autrui. Il est possible qu'un Grec, un Italien ou un Espagnol ait plus de facilité à exprimer son amour pour une femme qu'un Anglais, un Scandinave ou un Américain d'origine anglo-saxonne. Un Latin se lancera plus facilement dans une démonstration d'amour passionné pendant qu'un Nordique se contentera de sourire d'un air timide en regardant ses chaussures. Mais il sera tout aussi difficile à l'un et à l'autre de partager une véritable intimité affective avec une femme.

Le mythe de l'amant latin nous apprend la leçon suivante: comprendre le mode d'expression des sentiments peut aider une femme à s'adapter aux besoins et facultés affectifs d'un homme. Par exemple, ce n'est pas parce qu'un homme d'origine anglo-saxonne est incapable de se livrer aux gestes grandiloquents de l'amant méridional typique qu'il est incapable de passion. «L'amour ressemble à une partie de bridge, nous a confié une femme. Chaque joueur possède son propre style. Si vous vous adaptez au style de votre partenaire et qu'il s'adapte au vôtre, vous avez plus de chances de faire un grand chelem.»

Le mythe de l'ouvrier phallocrate

D'après ce mythe, l'ouvrier doit compenser son manque de succès sur le plan matériel par l'affirmation de sa virilité sur d'autres plans: il n'est pas maître de sa vie au travail, il tient à l'être chez lui.

Au cours d'un épisode du feuilleton *All in the Family*, Archie et Edith Bunker sont invités au mariage d'une cousine d'Edith. Archie refuse, malgré l'envie d'Edith d'y aller. Après une crise d'indépendance inhabituelle qui laisse Archie totalement stupéfait, Edith décide de se rendre seule au mariage, abandonnant son mari pour une fin de semaine. Après seulement quelques heures, Archie se sent perdu. Il se refuse à l'admettre, mais il ne peut vivre sans Edith. Il lui téléphone en s'efforçant désespérément de dissimuler sa solitude et son exaspération. Mais il ne se refuse pas le plaisir de faire naître chez elle un sentiment de culpabilité. Il joue l'époux souffre-douleur d'une femme frivole et irresponsable: personne n'est là pour s'occuper de la maison, pour lui préparer ses repas. Sa comédie réussit: Edith raccourcit sa visite pour venir trouver un Archie réprobateur qui, après l'avoir pieusement sermonnée sur ses devoirs d'épouse, la repousse doucement en lui demandant d'aller préparer le dîner.

Au cours des années soixante-dix, *All in the Family* a été, pour les Américains, la reproduction fidèle d'une famille d'ouvriers. L'épouse, Edith Bunker, était frivole, maternelle, un peu simple d'esprit mais toujours capable d'un héroïque amour pour son mari. Archie, l'ouvrier, était soupçonneux, grognon, égoïste et incapable d'extérioriser son affection. Leur mariage, curieusement, est devenu depuis le stéréotype de la relation affective de la classe ouvrière.

Selon ce mythe, l'ouvrier exige une obéissance absolue de sa femme et de ses enfants. À l'instar d'Archie Bunker, il se cramponne à ses prérogatives (le meilleur fauteuil de la maison), à la routine (le dîner, toujours à la même heure) et considère la plus petite déviation comme une trahison. Il s'attend à voir son épouse l'accueillir à la porte tous les soirs, munie, selon l'expression de l'écrivain Andrew Tolson, de la «pipe et des pantoufles» du chef de famille.

«Au sein de la classe ouvrière, la virilité devient une sorte de spectacle, affirme Tolson. L'homme se crée un répertoire d'anecdotes, de plaisanteries et d'habitudes. Il ne lutte pas pour se réaliser sur le plan professionnel mais il aime à se faire passer pour un «dur à cuire», en donnant sa virilité en spectacle. D'autres sentiments tels que l'amour, la gentillesse et la douceur ne font pas partie de son répertoire.»

Cependant, de nombreux experts estiment aujourd'hui que la triste réputation de l'ouvrier n'est guère méritée. Des études récentes ont abouti à des résultats surprenants: bien que les cols-blancs prônent davantage l'éclatement des rôles traditionnels, les ouvriers se montrent plus réceptifs au changement. Dans une étude des rôles de chaque sexe, entreprise par le Dr John De Frain, de l'Université du Nebraska, on a découvert que les ouvriers — électriciens, plombiers, opérateurs de machinerie lourde, etc. — se chargeaient d'environ 20 p. 100 des tâches ménagères tandis que la part assumée par les cols-blancs se limitait à 5 p. 100.

«L'ouvrier a moins de pouvoir sur le plan professionnel, conclut De Frain. Par conséquent, il joue au supermacho en public. Il roule des épaules en se targuant qu'il porte les culottes chez lui. Mais une fois à la maison, il redevient naturel.»

Les mythes nous réconfortent. Ils justifient la perpétuation d'un comportement que nous estimons immuable. Certains hommes préfèrent croire que l'intimité affective leur est refusée simplement parce qu'ils sont des hommes. Certaines femmes préfèrent croire que les hommes les ont exclues de leur «jardin secret» pour des raisons génétiques, ethniques, historiques ou sociales, plutôt que d'admettre qu'elles ont été complices de leur propre exclusion.

Cependant, aussi réconfortants que soient les mythes pour un homme «fermé», il faut les détruire si l'on veut comprendre les raisons de notre silence.

Le syndrome d'Ulysse

Pourquoi les hommes craignent-ils la dépendance?

Dans la mythologie grecque, Ulysse est roi d'Ithaque. Il est également le plus futé des chefs grecs participant au siège de Troie. C'est lui qui met au point le stratagème qui mettra fin au siège de dix ans: il offre aux Troyens, en guise d'hommage au vainqueur, un immense cheval de bois à l'intérieur duquel se cachent des guerriers grecs. Les Troyens acceptent le présent et font entrer le cheval dans leur ville; les Grecs dissimulés en surgissent aussitôt: Troie est vaincue et Ulysse devient un héros.

Cependant, l'histoire d'Ulysse, telle que relatée par Homère dans l'*Odyssée*, commence après la chute de Troie. Ulysse, dont le vaisseau avait été détourné de son cap par un orage déclenché par un dieu en colère, erre sur la Méditerranée pendant vingt ans, à la recherche de son royaume. De toutes ses tribulations, la plus dangereuse sera la traversée du détroit de Messine. Les côtes rocheuses du détroit sont habitées par des sirènes aux chants si merveilleux que nul homme n'a jamais pu y résister. Des centaines de vaisseaux et des milliers de marins ont péri dans cet isthme, attirés vers les cruels récifs par le chant irrésistible des sirènes.

Afin d'éloigner son navire du cimetière marin qui s'étend aux pieds des sirènes, Ulysse ordonne à ses hommes de boucher leurs oreilles avec de la cire d'abeille. Il leur demande ensuite de le ligoter au mât et de le bâillonner. Ainsi, il pourra entendre le chant des sirènes sans en être victime. Tandis que les sirènes chantent et qu'Ulysse se débat désespérément, le navire traverse le détroit sans problème.

L'Ulysse moderne

L'homme «fermé» est un Ulysse moderne. À l'instar du roi grec, il est attiré par les promesses de séduction des femmes qui, depuis le rivage de l'intimité affective, le supplient de venir les rejoindre. Mais il craint les conséquences de sa faiblesse. Il a peur que sa virilité, vaisseau qui lui permet de traverser les tempêtes de la vie, ne soit détruite s'il se permet de changer de cap pour se rapprocher des sirènes. Alors, luttant contre son désir de répondre à la femme qu'il aime et de s'en rapprocher, il se ligote fermement au mât de sa virilité, se bâillonne et fait voile droit devant.

Les hommes sont-ils capables de se lier d'amitié avec les femmes? C'est la question implicite qui émerge chaque fois que des femmes se plaignent des hommes «fermés» à un enquêteur, à un psychiatre, à un conseiller matrimonial ou à un avocat. Il est possible que les hommes aiment les femmes et qu'ils recherchent auprès d'elles une intimité sexuelle. Mais désirent-ils réellement l'intimité, la familiarité et l'amitié qui faciliteraient le véritable partage affectif?

Lorsqu'un homme refuse de communiquer ses sentiments, il n'est guère surprenant que la femme qui partage sa vie se demande si l'amitié et l'affection sont vraiment enfouies sous ce silence. «Je ne conteste pas son amour pour moi», nous a expliqué une femme de Kansas City, mariée depuis douze ans, «mais je me demande parfois s'il a de l'amitié pour moi. S'il avait à choisir sa compagne de vie à nouveau, me choisirait-il encore? Un couple qui se marie par amour, comme nous l'avons fait, ne peut savoir si l'affection sera au rendez-vous douze ans plus tard.»

«Après avoir consacré des années à traiter les hommes, affirme le Dr Theodore Isaac Rubin, j'ai fini par comprendre qu'un grand nombre d'entre eux n'aiment pas les femmes. On leur a appris, d'une façon subtile et variée, à considérer les femmes comme des êtres rapaces et manipulateurs, et à les voir comme des personnes soumises, dépourvues de force de caractère et simples d'esprit. Ce paradoxe, combiné à leur peur des sentiments féminins et de la dépendance, ne pouvait que conduire à l'hostilité.»

Nos recherches nous ont appris que l'éloignement affectif des hommes s'expliquait plus par la peur que par l'inimitié. Beaucoup d'hommes craignent l'intimité avec une femme, à cause de l'épreuve sexuelle qu'elle représente et aussi à cause de l'invitation à la dépendance qu'elle entraîne. Nous avons donné à cette peur de l'intimité — et aux problèmes qui en résultent — le nom de syndrome d'Ulysse.

Le Dr Ari Kiev, psychiatre et directeur du Social Psychiatry Research Institute de Manhattan, nous a décrit l'une de ses patientes, que nous nommerons Barbara pour les besoins de la cause. Elle était sur le point de quitter Joe, son amant, avec lequel elle vivait pourtant depuis plusieurs années.

Lorsque Barbara l'avait connu, Joe vivait seul depuis un an. Il avait auparavant été marié pendant sept ans. Barbara avait eu l'impression qu'il «avait besoin qu'on s'occupe de lui». Pourtant, dès qu'ils avaient emménagé ensemble, leurs relations s'étaient détériorées.

Barbara avait pourtant pris soin de Joe. Elle lui offrait tout ce qui lui avait été refusé par sa première femme: elle faisait les courses, elle prévoyait des sorties qu'elle croyait à son goût, elle lui apportait le petit déjeuner au lit les fins de semaine et elle planifiait ses propres activités en fonction de ses besoins à lui. Mais au lieu d'être reconnaissant, Joe vit dans cette générosité une demande implicite d'une intimité plus profonde. Il ne tarda pas à se retirer dans sa coquille. Barbara dut endurer l'hostilité et les crises de colère occasionnelles de Joe, en se demandant pourquoi malgré ses efforts de rapprochement il était devenu si différent et si distant.

Le moral bas, de plus en plus déprimée, Barbara rechercha auprès de Joe le soutien affectif nécessaire à son réconfort. Bien entendu, Joe interpréta son attitude comme une autre demande d'intimité. Son ressentiment s'accrut. C'était pour échapper à ce cercle vicieux que Barbara était allée consulter le Dr Kiev.

Selon lui, les exigences accrues de Barbara plongeaient son

amant dans la crainte et le bouleversement. «Il avait beau se sentir négligé et rejeté par sa première épouse, il était incapable de supporter les exigences de Barbara», nous a expliqué le Dr Kiev.

Comme beaucoup d'hommes «fermés», Joe était déchiré par les exigences de la virilité et par son besoin d'intimité. En tant qu'homme, il devait lutter pour son indépendance financière et affective. Par conséquent, une partie de lui-même voulait absolument rompre la liaison. D'autre part, il désirait secrètement la sécurité de la dépendance que lui offrait la vie avec Barbara.

Il ne pouvait admettre ouvertement ce désir, de peur de perdre sa virilité ou d'être rejeté. Car dans son esprit, c'est ce qui se produisait si on acceptait la dépendance. Après tout, lorsqu'il était devenu dépendant de sa première femme, il avait fini par en souffrir. Au lieu de blâmer sa femme, voire de se blâmer lui-même, il s'était retiré dans sa virile coquille. S'il satisfaisait son besoin d'intimité, s'il répondait aux chants des sirènes, il risquait d'être rejeté et, à la limite, de trahir sa virilité.

Prisonnier de ce dilemme, attiré simultanément par l'intimité affective et par les idéaux et la sécurité de la virilité, Joe avait accepté la dépendance en choisissant de vivre avec Barbara, mais il masquait sa reddition par le ressentiment et la colère. Ainsi, il se protégeait contre le rejet éventuel et ne trahissait pas sa virilité. Secrètement désireux du soutien affectif de Barbara, il l'accusait de faire naître en lui un désir «castrateur».

Les problèmes de ce couple illustrent bien les problèmes causés par la peur de dépendre d'une femme. Ni les sentiments ni les intentions des deux ne sont en cause: Barbara et Joe s'aimaient profondément et avaient la ferme intention de vivre une relation permanente et enrichissante. Leurs problèmes n'étaient pas apparus immédiatement. Les couples qui souffrent du syndrome d'Ulysse démarrent sur une base saine et prometteuse.

Tout a commencé lorsque Joe, aiguillonné par sa crainte de la dépendance, a voulu résister à son besoin et à celui de Barbara. Cette résistance a fait naître une hostilité et un ressentiment qui ont entraîné leur relation dans une spirale descendante. Pour eux, comme pour tous ceux qui font face au même genre de problème, la seule façon de s'en sortir consiste d'abord à comprendre la peur qui a tout déclenché.

Qu'y a-t-il derrière cette peur?

Même si peu d'entre eux ont le courage de l'avouer, beaucoup d'hommes envient aux femmes leur facilité d'exprimer leurs sentiments. «Plus d'un homme m'a avoué que s'il devait être réincarné, il préférerait que ce soit dans le peau d'une femme», nous a expliqué le Dr David Peretz, psychiatre new-yorkais. «Fatigué d'avoir à se battre, il souhaitait que quelqu'un lui apporte la sécurité affective.» En d'autres termes, ces hommes étaient fatigués de leur indépendance masculine et souhaitaient pouvoir avouer leur désir de dépendance et d'intimité, que seules les femmes, selon eux, pouvaient déclarer ouvertement.

Si les hommes désirent l'intimité affective, pourquoi en ont-ils si peur? S'inspirant de Freud, de nombreux experts affirment que la première privation et la plus profonde blessure du jeune garçon est l'éloignement affectif de sa mère. Ses efforts pour vivre malgré cette séparation, pour annuler le processus d'identification et pour concilier son amour pour elle et son sentiment de rejet, marquent souvent à jamais sa vie affective.

D'après la théorie freudienne de la psychanalyse, la séparation du fils et de la mère résout un aspect important du conflit oedipien. Un garçon doit renoncer à son désir sexuel pour sa mère sous peine d'être castré par son père. Il doit s'identifier à son père, personnage tout-puissant, pour finalement revenir vers sa mère et nouer avec elle une relation non sexuelle. Toute cette démarche, il va sans dire, ne se produit pas dans la vie réelle, mais dans le subconscient de l'enfant.

Lorsque ce processus de séparation échoue, le garçon a souvent des difficultés à nouer des relations intimes par la suite. Ainsi, si l'enfant ne parvient pas à se séparer suffisamment de sa mère, il peut rester sexuellement enchaîné à elle. «Dans la vie adulte, l'intimité est souvent confondue avec le désir enfantin d'intimité avec l'objet oedipien, explique la sexologue Helen Singer Kaplan, et, par conséquent, elle est rejetée.» Si, par ailleurs, le garçon ne parvient pas à s'identifier à son père, il risque de rejeter l'intimité d'une relation avec une femme de peur de devenir efféminé.

L'analyse freudienne du problème oedipien est utile pour comprendre l'origine de la crainte de dépendre d'une femme mais elle n'est pas essentielle. «Il n'est pas nécessaire de recourir à la théorie freudienne, affirme le Dr Peretz, pour constater que chaque homme a été profondément blessé par une femme à un moment donné de sa vie et que cette femme est sa mère. Aucune femme ne peut répondre à tous les besoins de l'enfant. Après tout, elle a d'autres préoccupations dans la vie: son mari, son travail et ses autres enfants. Il se peut même que ses propres désirs et ses propres craintes entrent en conflit avec les besoins de l'enfant.» Lorsque la mère ne satisfait pas ses besoins, elle blesse et déçoit inévitablement l'enfant.

«La peur de l'intimité survient à l'âge adulte, déclare le Dr Kaplan, suite aux expériences négatives et décevantes que tout jeune enfant a connues au plan des relations intimes. Ce qu'Erikson appelait la «confiance fondamentale» ne s'établit jamais entre l'enfant et ses parents au cours de la période délicate qu'est l'enfance.»

Certains hommes ont plus de chance que d'autres: ils parviennent à se «détacher» avec succès de leur mère, tout en restant proches d'elle. Mais l'homme «fermé» n'est pas aussi chanceux. Lorsqu'il rompt affectivement avec sa mère, il ressent des pulsions contradictoires. D'une part, il veut retrouver sa dépendance de l'affection maternelle perdue, et d'autre part, il rejette ces sentiments pour se créer une personnalité «virile». Cela devient une activité très négative, qui l'amène à rejeter tout ce qu'il a de féminin en lui. Il peut en venir à projeter ses sentiments négatifs sur toutes les femmes, envers qui il ne ressentira plus que haine et crainte.

En raison de cette contradiction, le comportement affectif de l'homme «fermé» est souvent caractérisé par des émotions farouchement opposées: il recherche l'intimité tout en la repoussant. Lorsqu'il fait face à une épreuve sur le plan affectif, il réagit parfois par ce que les psychologues appellent le «oui-non». Une partie de lui-même veut se rapprocher tandis que l'autre partie rejette toute offre d'intimité car elle menace sa virilité.

Pour se protéger de la frustration et de l'anxiété engendrées par de tels conflits, l'homme conçoit des mécanismes de protection qui reposent surtout sur le détachement affectif. Il apprend à ne pas s'attacher aux autres afin d'éviter toute situation qui ferait resurgir ce conflit si douloureux. Il apprend aussi à craindre l'intimité que lui offre toute personne susceptible de provoquer chez lui un nouveau conflit.

Il est rare que la crainte de l'intimité et de la dépendance se révèle sous son vrai jour. L'homme «fermé», pour être fidèle à sa virilité, tente sans cesse de dissimuler sa peur. Par conséquent, le syndrome d'Ulysse est caractérisé par la métamorphose de cette crainte en attitudes masculines: la dévalorisation de la femme, l'hostilité et l'indifférence.

La dévalorisation

La dévalorisation de la femme et des attributs féminins est l'une des méthodes qui ont permis à la société traditionnellement dominée par les hommes de composer avec la peur de l'intimité. Cette dévalorisation commence en général au sein de la famille. Le Dr Ruth E. Hartley, qui a étudié les conditions respectives des hommes et des femmes dans la famille, décrit ainsi l'image que bien des enfants se font de leurs parents:

«Les hommes font d'ordinaire ce qu'ils veulent et sont très importants. Dans la famille, ce sont eux qui commandent. Ils gèrent les ressources financières du ménage et ont certaines prérogatives, telles l'exclusivité du meilleur fauteuil et la lecture du journal. Ils semblent être souvent en colère mais ils sont capables d'amuser les enfants. Ils rient et plaisantent plus que les femmes. Les pères sont plus amusants et de meilleure compagnie que les mères. Ce sont eux qui ont les idées les plus intéressantes.»

Les femmes, en revanche, sont souvent considérées comme «craintives» et «indécises». Elles sont «physiquement faibles, peu aventurières, plus facilement blessées et tuées que les hommes». Elles ont «peur de l'eau, peur du sang et peur des chocs électriques». Elles «ne savent pas se débrouiller». Dans des situations de crise, elles hurlent au lieu de prendre les choses en main. En outre, elles harcèlent leurs enfants à propos des études.

Si les mères sont souvent considérées comme des adultes moins intéressants, les fillettes, elles, sont aussi perçues de la même manière. Le garçons ne tardent pas à reconnaître que la majorité des filles sont assujetties à des règles différentes. Leurs activités sont plus restreintes, leurs jeux plus réservés, leurs sports moins violents. Tandis que les garçons vagabondent jusqu'au soir en toute liberté, faisant de tout le quartier leur terrain de jeu, les filles demeurent à proximité de la maison, en contact plus étroit avec leurs parents. Elles doivent aussi rentrer à la maison plus tôt. Elles sont généralement exclues des jeux violents et des vagabondages.

En dépit de l'évolution de la condition féminine depuis l'époque où le Dr Hartley entreprenait ses recherches, la dévalorisation de tout ce qui est féminin n'a pas entièrement disparu de la vie des enfants. Ainsi une étude menée récemment dans les écoles maternelles a révélé que les petites filles souhaitent fréquemment être des garçons. C'est parce qu'elles n'ont pas tardé à se rendre compte que «les garçons reçoivent toujours la meilleure part du gâteau», selon le Dr Robert E. Gould. Cette dévalorisation persiste souvent jusqu'à l'âge adulte. Des études ont révélé que la plupart des femmes souhaitent que leur premier enfant soit un garçon. Si elles doivent se limiter à un seul enfant, elles souhaitent que ce soit un garçon.

En dévalorisant la femme en général, l'homme peut justifier sa propre incapacité (déguisée en refus) de se montrer vulnérable face à une femme en particulier dans une relation qui se doit d'être égalitaire et réciproque pour devenir véritablement intime. Il arrive aussi que l'homme dévalorise sa propre femme ou sa compagne. «Une personne célibataire qui a un problème affectif ne parvient pas à dépasser un certain stade de rapprochement, au-delà duquel elle perd tout intérêt pour l'autre, déclare le Dr Helen Singer Kaplan. Prenons comme exemple un homme qui fait la rencontre d'une femme. Il la trouve d'abord merveilleuse, mais lorsque leur relation atteint un stade bien précis, il concentre son attention sur les défauts de sa compagne et ne tarde pas à en être déçu. Ce type de personne passe sa vie à entamer des relations qui se terminent toujours à peu près au même point.»

L'hostilité

Il arrive que les hommes réagissent à l'intimité par un sentiment d'hostilité. La peur qu'ont les hommes d'être «piégé» par
une femme est profondément enracinée dans notre culture, comme en témoignent les récits relatant la trahison d'Adam et Ève et
celle de Rhett Butler par Scarlett O'Hara. Aphrodite, la déesse
grecque de l'amour, trahit son époux Héphaïstos qui était boiteux
(symboliquement impuissant) en ayant une liaison avec Arès, le
dieu «macho» et «fermé» de la guerre.

Cette méfiance est devenue la clef de voûte de la culture populaire. «Les petites filles veulent de jolies choses, des parfums,
des caresses et des baisers», affirme, avec une hostilité à peine
voilée, *L'Homme sensuel*, un guide sexuel pour hommes des plus
populaires. «Mais ce qu'elles veulent surtout, c'est un mari. Vos
propres désirs étant plus primaires, vous risquez de faiblir et de
laisser s'échapper une promesse de mariage, tandis que vous hale-
tez d'excitation sexuelle. Alors vous êtes perdus et c'est bien fait
pour vous.»

Lorsque les hommes parlent des femmes qui cherchent un
mari, ils utilisent fréquemment le langage imagé de la proie et du
chasseur: «Elle l'a finalement piégé», «Elle a fini par mettre la
main dessus», «Elle l'a eu», «C'est une belle prise!» À la sortie de
l'église, il est inconvenant de féliciter la jeune mariée, car cela
signifierait qu'on la félicite d'avoir enfin réussi à capturer sa proie.

Plus un homme est exposé aux émotions féminines, plus il se
sent piégé. «Les femmes utilisent les larmes comme on utilise des
armes», prévient *L'Homme sensuel* avec une hostilité qui lui est
caractéristique. «Elles utilisent leurs sanglots pour vous harceler,
vous influencer, vous faire sentir que vous n'êtes qu'un monstre,
ou pour vous dissimuler leurs véritables sentiments. Elles pleurent
lorsqu'elles désirent quelque chose. Elles pleurent lorsqu'elles
refusent quelque chose. Elles pleurent chaque fois que vous faites
quelque chose qui ne respecte pas totalement leurs désirs.»

Dans leurs relations avec les femmes, les hommes, en assumant un rôle d'adversaire, évitent les compromis et les accords
qui seraient nécessaires s'ils traitaient les femmes en alliées. Dans

cette optique, l'intimité ne peut que répondre aux attentes de l'un ou l'autre des partenaires. Dans un cas, on parlera de victoire, dans l'autre de défaite.

L'indifférence

Il se peut aussi que la crainte de la dépendance soit masquée par une attitude d'indifférence envers les femmes. Certains hommes aiment à se croire au-dessus des «plaisirs et problèmes insignifiants» d'une relation intime. Cette indifférence les protège peut-être des éventuelles blessures, mais elle les empêche aussi de connaître les joies d'une relation partagée.

«Je ne veux pas dire que les hommes n'aiment pas les femmes», affirme Cathy, âgée de trente et un ans. Experte-conseil new-yorkaise en matière de collecte de fonds, elle travaille dans un milieu d'hommes. «Je crois que les hommes n'ont simplement pas grand-chose en commun avec les femmes. Lorsqu'un homme se montre insensible aux sentiments d'une femme, lorsqu'il refuse de comprendre les besoins sexuels de sa compagne, c'est parce qu'il est indifférent. Ça lui est égal. Les femmes n'ont pas d'importance à ses yeux. Vous devriez voir dans quelle mesure les hommes essaient de s'attirer les bonnes grâces des autres hommes dans le milieu des affaires. S'ils se donnaient cette peine vis-à-vis des femmes, les problèmes disparaîtraient.»

Qu'elle prenne la forme d'une dévalorisation de la femme, d'une attitude indifférente ou hostile, la crainte de la dépendance est l'une des forces les plus puissantes parmi celles qui empêchent l'homme «fermé» de nouer une relation avec une femme. C'est la corde qui le lie, tel Ulysse, au mât de sa virilité. C'est une chaîne psychologique qui le ligote dès l'enfance et qui devient de plus en plus difficile à briser avec le temps.

Il est cependant possible de s'en défaire. La compréhension du rôle maternel est importante, mais il existe d'autres facteurs qu'il faut connaître si l'on veut se libérer de l'emprise psychologique du passé et surmonter les craintes de la véritable intimité.

Son père, son reflet

La relation d'un homme avec sa mère explique en partie son incapacité d'exprimer ses émotions ou de partager une intimité affective. Cependant, les experts commencent seulement à déterminer l'influence de la relation fils/père sur l'incapacité de s'extérioriser.

Les mères ont toujours su que leurs fils observaient de près le comportement de leur père. Au cours des années soixante-dix, une série d'études a été entreprise dans le but de déterminer l'influence des pères sur leurs fils. Judith et Leonard Worrell ont découvert qu'un homme est plus porté à dominer sa femme et à la dévaloriser si son propre père l'a autrefois dominé en adoptant l'attitude typique du patriarche. Les hommes qui se raccrochent aux schémas traditionnels ont eu des pères qui respectaient les mêmes valeurs et qui exerçaient un pouvoir absolu sur leur famille.

«Il est évidemment souhaitable qu'un homme ait eu une mère sincèrement aimante, nous a expliqué la psychiatre Virginia Sadock, mais il est tout aussi, et même plus souhaitable que son père ait été quelqu'un à qui il pouvait s'identifier, de manière à lui permettre d'être fier de lui-même et de sa condition d'homme.»

Aux yeux de trop de jeunes garçons, les pères ne sont que les adjudants qui leur apprennent à devenir des hommes. Les leçons de virilité sont les seules leçons que le père accepte de donner à son fils. Le garçon se voit dans son père: c'est l'homme qu'il deviendra, l'homme qu'il veut devenir. Pour un jeune garçon, le père représente la quintessence de la virilité. Par l'inspiration, par le châtiment, par l'exemple, un père apprend à son fils ce que c'est qu'être un homme.

«Si votre père ne vous a jamais embrassé, explique le Dr Sadock, s'il n'a jamais joué au base-ball avec vous, s'il n'a jamais rien fait en votre compagnie, vous en arrivez à penser qu'il ne vous aime pas. Et si vous avez un père qui n'a jamais exprimé ses sentiments, vous pensez que c'est parce que les hommes ne doivent pas le faire. Vous vous dites évidemment que s'il vous arrive de le faire, c'est que quelque chose ne va pas.»

Beaucoup de pères, même s'ils s'efforcent d'être de bons parents, tombent dans le piège de l'un ou de l'autre des comportements suivants: *le père exigeant* qui, par sa désapprobation constante et ses espoirs jamais satisfaits, incite le fils à penser: «Il ne m'aime pas»; *le père froid, distant, réservé* qui apprend à son fils, par l'exemple, qu'un homme *doit* être froid. Il est certain que la capacité d'un homme de communiquer ses sentiments, de trouver l'intimité affective et de manifester son amour résulte autant du travail paternel que de l'attitude maternelle.

«Il ne m'aime pas»: le père exigeant

«J'ai toujours eu un peu peur de mon père, nous a raconté un jeune homme de Dayton (Ohio), du moins jusqu'au jour où il a eu sa première crise cardiaque. Aujourd'hui, enfin, il est devenu mon ami. Je crois que la plupart des hommes espèrent que leurs enfants réussiront mieux qu'eux-mêmes. Mais comme ils sont incapables d'exprimer ce désir, ils ne montrent que de la désapprobation.»

Personne n'est plus exigeant qu'un père. Que ces espoirs aient été exprimés par des mots, criés à la face du monde ou simplement cachés au plus profond du coeur paternel, ils sont un élément du lien qui unit le père et le fils depuis l'instant où on a annoncé au jeune père: «C'est un garçon!» Tout comme l'enfant est persuadé que son père a toujours eu raison, le père est persuadé que son garçon réussira tout ce qu'il entreprendra. Les espoirs reflètent souvent l'amour du père pour son fils.

Malheureusement, ces espoirs, qui peuvent être source de joie et de chaleur humaine, peuvent aussi entraîner l'amertume et la froideur. «Mon père n'a jamais parlé de mes résultats scolaires à l'université, nous a raconté un Bostonien de vingt-sept ans, directeur d'une salle de concert. Mais il a approuvé avec enthousiasme mon idée d'entrer à l'école d'aministration. Ensuite, lorsque j'ai décidé d'opter plutôt pour la faculté de musique, il n'a plus émis aucun commentaire. Il ne s'inquiétait pas de savoir si je réussissais mes examens. Tout ce qui l'intéressait, c'était le genre d'emploi que je trouverais en sortant et le salaire que j'obtiendrais. Aujourd'hui je travaille, j'ai un salaire raisonnable mais il se refuse à en parler. Il veut savoir quels sont mes projets d'avenir, mes ambitions professionnelles. C'est un cycle sans fin. Je ne parviendrai jamais à être là où il veut que je sois.»

Certains hommes réagissent à ces attentes et à ces déceptions en se retirant dans leur coquille. Lorsqu'un fils est excédé par la manifestation continuelle des espoirs paternels, il risque de contre-attaquer à l'aide de son arme la plus puissante: l'échec. Déçu par le comportement du fils, le père se retire lui aussi dans sa coquille. Il devient rancunier et distant. La guerre froide de l'indifférence est déclarée.

D'autres hommes réagissent aux exigences excessives de leur père par la peur. Ils continuent de lutter contre ses attentes mais un sentiment d'échec permanent sape l'amour qu'ils portent à leur père et blesse leur amour-propre. Nous avons pu juger des méfaits de cette peur lorsqu'un avocat new-yorkais d'une trentaine d'années associé avec son père nous a dit subitement au beau milieu d'une réunion d'affaires: «Je ferais mieux de prendre des notes, sinon mon père me tapera sur les doigts.»

Cette crainte du père peut parfois empêcher toute relation affective vraiment satisfaisante. L'homme qui a vécu ce type de rapport avec son père se méfiera de l'intimité affective en général, ou il associera le comportement masculin à une attitude réservée sur le plan affectif. En revanche, un homme qui a eu une relation saine avec son père aura probablement moins peur que l'intimité fasse de lui un homme «efféminé».

«Les hommes ne font pas ça»: le père distant

Les espoirs d'un père semblent souvent enfantins lorsqu'on

les étudie: ils représentent un fantasme de réussite personnelle. Il est donc presque inévitable qu'un fils, face à ces attentes peu réalistes, échoue aux yeux de son père. Peu d'hommes ont appris à accepter l'échec, quel qu'il soit. L'échec d'un fils est la croix du père.

L'adjoint administratif d'un politicien de Boston se souvient de son père: «Soir après soir, il rentrait du travail pour s'installer devant la télévision. Il ne prononçait jamais un mot. Pourtant il a réussi à me faire comprendre, d'une manière très énergique, que je ne le satisferais que si je réussissais mieux que lui dans la vie.»

Certains pères accueillent l'échec de leur fils par des coups, d'autres par des mots. D'autres encore utilisent le châtiment le plus insidieux, le plus destructeur qui soit: ils leur retirent leur amour. Contrairement à l'amour d'une mère qui est total, inconditionnel et qui pardonne tout, l'amour du père est exigeant, impitoyable et conditionnel: c'est un sentiment qui s'apparente au respect. Tout comme le respect, l'amour paternel doit être gagné. Lorsque le fils ne se montre pas à la hauteur des exigences paternelles, l'amour lui est repris.

Ce détachement est une caractéristique courante de la relation entre un père et son fils. Ce qui explique que les hommes considèrent leur père comme «fermé», peu communicatif et incapable d'aimer. Le Dr Janet Wolfe, directrice adjointe de l'Institute for Rational Emotive Therapy, nous a dit ceci: «Les personnes qui viennent ici doivent remplir un formulaire biographique. Neuf hommes sur dix décrivent leur mère comme une personne affectueuse et gentille et leur père comme un être froid et distant. Ils disent que leur père ne leur adressait pas souvent la parole et ne leur montrait pas beaucoup d'affection.»

D'après Herb Goldberg, auteur de *The Hazards of Being Male*, les pères sont généralement «absents, inintéressés et affectivement passifs lorsqu'ils sont à la maison». Observateurs comme tous les enfants, les jeunes garçons remarquent ce comportement paternel. Étant donné que le père est souvent l'homme le plus important de leur entourage, son comportement devient un modèle de comportement viril.

La manifestation la plus douloureuse du retrait d'amour est, bien entendu, l'absence. Certains fils voient rarement leurs pères. La distance affective est amplifiée par la distance physique. Pour un enfant qui a appris dans le sein de sa mère que la proximité physique et l'amour étaient indissociables, l'absence du père est la preuve ultime de sa désapprobation. Distance et désapprobation s'allient pour remettre le cycle en branle: amour, perte, recherche de l'amour, amour...

En lui retirant son amour, en se montrant affectivement froid et réservé, un père donne à son fils deux importantes leçons de virilité. La première leçon, celle de la froideur, est qu'il faut être indépendant. Tout comme la lutte contre les éléments rendra un garçon robuste et plein de ressources, l'exposition à l'air glacé de l'indifférence le rendra affectivement autosuffisant. C'est du moins ce que croient certains pères. Il apprendra à vivre dans un monde de gens indifférents et mal aimés. Il sera capable de persévérer seul, la condition naturelle de l'Homme. S'il est dépendant, sur le plan physique ou affectif, il sera incapable de faire son chemin ou de prendre ses propres décisions. Les épreuves affectives et physiques sont toutes deux bénéfiques à un homme. L'adversité actuelle le prépare au monde cruel.

La deuxième leçon d'un père réservé est qu'il faut se protéger des relations affectives. Devant son père qui se protège contre la déception d'un échec filial en se retirant dans sa coquille, le fils apprend à naviguer entre les déceptions affectives. S'il ne donne rien, il ne perdra rien. «Un homme, a dit Ernest Hemingway, ne devrait jamais se placer dans une situation susceptible de lui faire perdre ce qu'il ne peut se permettre de perdre.» Un homme qui n'éprouve d'amour pour personne ne peut être blessé par le comportement d'autrui.

En évitant de montrer son amour, le père apprend au fils que «les hommes ne font pas ça», que les hommes ne doivent pas manifester leur amour aux autres: ils attendent que les autres le leur offrent. Les efforts répétés qu'un fils accomplit pour satisfaire les espoirs impossibles d'un père ne sont, en fin de compte, que des offrandes d'amour. En les rejetant, le père apprend à son fils la leçon suivante: «Les hommes se doivent de rejeter les offrandes d'amour, tout comme j'ai rejeté les tiennes.»

C'est pourquoi certains hommes sont incapables d'aimer tant qu'ils ne sont pas sûrs d'avoir gagné l'amour de leur père.

Steve: mon père, mon ami

Peut-être est-ce parce que j'ai eu la chance d'être très proche de mon père que je n'ai pas été surpris d'apprendre, par la suite, l'importance du père dans la croissance affective du garçon. Parce que nous habitions dans des endroits isolés et que nous déménagions tous les quatre ou cinq ans, je me suis inévitablement rapproché de mon père, l'une des rares constantes de ma vie. Je m'en suis rapproché bien plus que la majorité des jeunes garçons peuvent le faire.

Notre intimité affective était en partie l'oeuvre de mon père, qui avait toujours été très éloigné du sien. Benjamin d'une famille de six enfants, il n'avait jamais vraiment connu son père trop occupé par les travaux de la ferme. Contrairement à certains hommes qui adoptent avec leurs fils le comportement de leur propre père, mon père m'a donné l'amour qu'il n'avait jamais reçu.

Il était autant mon ami que mon père. Je me souviens de mon enfance comme d'une période des plus actives: je construisais des maisons de poupées pour ma soeur, j'allais acheter des bijoux dans les bazars pour ma mère. En qualité d'Éclaireur solitaire, j'allais camper et marcher en compagnie de mon chef de troupe: mon père.

Après que mes parents m'eurent envoyé à l'école aux États-Unis, les vacances devenaient la période la plus attendue de l'année. Dès que j'arrivais chez mes parents, à Noël ou en été, mon père prenait quelques jours de congé que nous passions ensemble. Mon souvenir le plus précieux: mon père qui frappe impatiemment à la porte de ma chambre, tandis que je me repose après un long voyage en avion, et qui s'écrie: «Je veux que tu viennes jouer dehors.»

Notre relation très privilégiée explique peut-être mon intérêt pour l'étude des relations entre un père et son fils. Bien que notre cas ne soit certainement pas le seul exemple de respect et d'entraide mutuels, je dois avouer que j'ai été très surpris de constater à quel point les relations entre pères et fils étaient caractérisées par la peur, l'irrespect et l'indifférence, et combien rares étaient les liens étroits entre ces deux personnes.

«Parle-moi»

John Steinbeck, dans son roman À l'Est d'Éden, nous décrit une relation typique entre un père et son fils. Carl, le fils rebelle, rêve d'être aimé par son père qui est dur et autoritaire. Il essaie même d'acheter son amour, en lui prêtant l'argent qu'il a amassé en cultivant des haricots. Il recherche vainement une autre relation qui assouvirait son besoin d'amour. Mais seul son père lui permettrait de satisfaire son besoin d'affection. Désespéré, il en vient à supplier son père de lui manifester d'une manière quelconque un peu d'amour: «Parle-moi, crie-t-il, parle-moi!»

Beaucoup d'hommes, pendant leur enfance, savent qu'ils peuvent compter sur l'amour de leur mère, mais bien peu peuvent en dire autant de l'amour paternel. C'est pour cette raison que l'amour du père acquiert une importance démesurée. Il devient, aux yeux d'un jeune garçon, le symbole suprême de sa valeur personnelle et de son acceptation.

Le comportement du père, sur le plan affectif, devient également le modèle à suivre: la froideur et l'indifférence du père se refléteront dans toutes les relations affectives que connaîtra le jeune garçon. Reproduisant les refus de son père face à ses propres demandes, le fils lui aussi restera de marbre devant les supplications de la femme qui lui dira: «Parle-moi, parle-moi!»

Entre hommes
Se sent-il plus proche des autres hommes?

*Une amitié parfaite entre deux hommes est le sentiment
le plus profond et le plus transcendant dont est capable
l'esprit limité de l'être humain; les femmes sont privées
de ce qui fait le sel de la vie.*

Gertrude Franklin Atherton
The Conqueror (1902)

Lorsqu'on a interrogé l'actrice Joanne Woodward, l'épouse
de Paul Newman, sur l'extraordinaire amitié qui était née entre
son mari et Robert Redford pendant les tournages de *Butch
Cassidy et le Kid* et de *L'Arnaque*, elle a répondu: «Lorsque ces
deux-là se retrouvent, ne prenez même pas la peine d'ouvrir la
bouche si vous êtes une femme. Entre Bob et Paul il existe vraiment des atomes crochus. Un jour, ils s'enfuiront ensemble, nous
laissant seules Lola Redford et moi.»

Une profonde amitié entre deux hommes possède depuis toujours, aux yeux du commun des mortels, un éclat quasi magique.
L'histoire, la mythologie et la littérature fourmillent d'exemples
de camaraderie extraordinaire. Huckleberry Finn et Tom Sawyer,
Tonto et le Justicier solitaire, Butch Cassidy et le Sundance Kid,
le Capitaine Kirk et M. Spock, les Dukes de Hazzard, tous contribuent à la légende qui dépeint l'amitié entre deux hommes comme plus altruiste, plus satisfaisante et plus durable que n'importe
quelle autre relation entre un homme et une femme.

D'après la légende, lorsque le monde est impitoyable, lorsque les femmes se montrent trop exigeantes, lorsque le fardeau est trop lourd, l'homme recherche la compagnie d'un autre homme. Que ce soit à l'occasion d'un voyage vers l'Ouest sauvage, d'un séjour en montagne, ou simplement d'une sortie ou d'une partie de quilles, deux bons amis créent leur monde particulier. La compagnie des femmes signifie responsabilité, celle des hommes, liberté.

De nombreuses femmes soupçonnent, à l'instar de Joanne Woodward, que les hommes partagent entre eux des choses qu'ils ne veulent pas partager avec l'autre sexe. Une femme sent qu'elle ne pèse pas lourd face à la soirée de football du lundi ou à la partie de poker du mardi. Pourtant, la réalité des amitiés masculines, notamment à l'intérieur de groupes, ne se montre pas toujours à la hauteur de la légende.

Phyllis, épouse d'un agent d'assurances de Dallas, nous a raconté ses déboires avec l'amitié entre les hommes. Elle s'était toujours inquiétée lorsque, après trois années de mariage «relativement heureuses», Ed, son mari, avait pris l'habitude de consacrer une soirée hebdomadaire à Jim, un ancien camarade de collège. «Ed se sent-il plus proche de Jim que de moi?» se demandait-elle. Peu à peu, les sorties avec Jim devenaient plus fréquentes et se prolongeaient jusqu'à tard la nuit.

Phyllis n'ignorait pas que son mari avait des problèmes professionnels: son poste faisait l'objet d'une étude et l'évaluation de son supérieur lui était défavorable. Mais il avait toujours refusé d'en parler avec elle. «J'ai pensé qu'il trouvait sans doute plus facile de parler de ses problèmes à Jim. J'en suis devenue carrément jalouse. Nous en avons finalement discuté et je me suis aperçue que je m'étais trompée.» Ed allait boire un verre avec Jim pour *oublier* ses problèmes et non pour les partager. Il en parlait à peine à Jim. «Je n'étais plus jalouse, mais j'en ai voulu à Jim de ne pas avoir aidé Ed davantage», a conclu Phyllis.

«Regardez donc les hommes! Ils sont censés être de grands copains, mourir ensemble à la guerre et ainsi de suite. Mais combien d'entre eux ont de *vrais* amis? Ils ont des partenaires de golf, ils se prêtent mutuellement de l'argent, mais ils n'ont pas d'amis à qui réclamer un soutien moral et affectif.»

Dans une lettre parue en 1983 dans la chronique *Dear Abby**, une femme de Minneapolis racontait que lorsque son mari, gravement malade, avait été hospitalisé, aucun de ses «amis» n'était venu lui rendre visite. Seules ses amies à elle avaient pris la peine de venir le voir à l'hôpital. La réponse d'Abby était sans équivoque: les hommes ne se font pas de vrais amis.

L'anthropologue Margaret Mead est celle qui a posé le regard le plus critique sur les amitiés masculines. Après avoir entendu moult anecdotes sur l'intimité née entre les soldats au front pendant la Deuxième Guerre mondiale, Mme Mead a décidé d'étudier ces relations masculines afin de déterminer leur degré réel d'intimité.

Elle a conclu que le rapprochement qui s'était produit entre ces hommes constamment en danger n'était fondé ni sur des intérêts communs ni sur des sentiments partagés mais sur la solidarité face à l'ennemi; il s'agissait d'un rapprochement arbitraire, sans aucun rapport avec la personnalité de chacun. Les hommes qui se disaient «amis intimes» ne partageaient en réalité que la chambrée, le char d'assaut ou la tranchée. Ils étaient rapprochés par la solitude et le danger. Ces relations masculines étaient, selon Margaret Mead, des «accidents qui ne reposaient sur aucune affinité et qui, par conséquent, ne pouvaient se transformer en de véritables amitiés». Elle a comparé cette intimité à celle de personnes victimes de catastrophes naturelles, c'est-à-dire dénuée de tout sentiment véritable.

La vérité des amitiés masculines se trouve à mi-chemin entre l'enthousiasme embarrassant de Gertrude Franklin Atherton et le scepticisme scientifique de Margaret Mead. Ces deux femmes, comme beaucoup d'autres, n'ont pas compris ce que les hommes recherchent exactement dans leurs relations laconiques, détendues et parfois paresseuses avec d'autres hommes.

«Je me sens à l'aise avec d'autres hommes», nous a raconté un homme de trente-deux ans de Los Angeles. Tous les jeudis soirs, il retrouve un groupe d'amis pour une partie de «balle molle».

----

* Chronique de conseils publiée dans de nombreux quotidiens nord-américains d'expression anglaise. (*N.D.T.*)

«Nos relations comportent toujours une légère compétition et c'est ce qui les rend si exaltantes.» Les caractéristiques d'une amitié masculine sont fixées très tôt dans la vie d'un homme. Pour beaucoup de jeunes garçons, les relations avec les femmes ne sont qu'une suite de «montagnes russes». En revanche, lorsqu'ils se retrouvent entre eux, les garçons se détendent et renforcent leur identité sexuelle.

Pendant toute sa vie, l'homme utilisera ses amitiés masculines pour échapper aux exigences du monde extérieur. Il s'efforcera de recréer ainsi le cocon douillet et confortable qu'il associe (parfois à tort) à l'adolescence, à l'époque idyllique où il n'avait aucune responsabilité professionnelle ou familiale. «Examinez un peu les annonces publicitaires des fabricants de bière, nous dit un psychiatre de New York. Elles ne correspondent en rien à la réalité, passée et présente, des relations masculines, mais elles correspondent exactement à l'image que les hommes *s'en font* et c'est tout ce qui compte. Deux hommes assis devant un bar ne s'échangent qu'un mot toutes les dix minutes, mais dans leur esprit, ils vivent l'un de ces messages publicitaires.»

Un quinquagénaire de Chicago nous a parlé de son meilleur ami qu'il connaît depuis ses études au collège et qui vit actuellement à New York. Ils se téléphonent régulièrement et se retrouvent aussi souvent que possible dans leur ville natale, même si leurs épouses ne peuvent les accompagner. «Lorsque je suis avec Joe, j'ai l'impression d'être en dehors du temps. Je vois toute ma vie se dérouler devant moi en une seconde. Joe me connaît parfaitement, jusqu'au fond du coeur. Nous ne parlons pas uniquement de nos souvenirs d'enfance. Nous suivons nos carrières respectives avec intérêt, nous discutons de politique et nous assistons à des matches de base-ball. Nous faisons ce que nous avons toujours fait et c'est le plus important.»

Un autre homme nous a décrit le terrible sentiment de perte qu'il a éprouvé à la mort de son meilleur ami. «J'aurai quatre-vingt-un ans en mai. Mais mon anniversaire ne sera pas le même sans Dan. Chaque année, pendant les trois premières semaines de mai, nous allions sur les berges de la rivière French où Dan avait un chalet. Nous arrivions juste avant la débâcle, à temps pour voir les oiseaux revenir et l'herbe reverdir. C'était le plus beau moment de l'année. Nos deux anniversaires étaient en mai et nous les fêtions là-bas. Dan faisait d'horribles petits gâteaux — il avait tendance à boire un peu trop — que je m'efforçais toujours de manger. Nous sortions le bateau pour aller à la pêche. Nous parlions beaucoup. Nous avions une année à nous raconter.

«Dan est mort l'année dernière, quelques semaines après notre retour de vacances. Cela faisait soixante ans que nous allions là-bas, à l'exception de l'année où le fils de Dan a été tué dans le Pacifique. C'est la seule année que nous avons manquée. J'aimerais que nous puissions recommencer à zéro, avoir encore soixante ans devant nous. Nous étions plus proches que des frères, aussi proches que les doigts de la main.»

Le spectre qui rôde

Les amitiés masculines peuvent être intimes et enrichissantes, mais elles le sont rarement. C'est la crainte de la dépendance qui empêche l'homme de se donner entièrement à une femme, mais c'est le spectre de l'homosexualité qui inhibe tout besoin d'intimité entre deux hommes.

Certains hommes ont peur d'une intimité sexuelle lorsqu'ils nouent une relation amicale avec des femmes. La majorité d'entre eux, par ailleurs, sont absolument terrifiés à l'idée d'une intimité sexuelle avec un autre homme. «La peur d'être pris pour un homosexuel, écrit Stuart Miller dans *Men and Friendship*, ou, pire, d'en devenir un, est l'obstacle principal au rapprochement affectif des hommes.»

En raison de la profonde anxiété qu'ils ressentent à cet égard, beaucoup d'hommes rejettent tout rapprochement, de quelque nature qu'il soit, avec d'autres hommes. Lorsqu'ils se touchent, c'est en général avec rudesse: une tape dans le dos, une solide poignée de main, un coup de poing sur l'épaule. Le contact doit être bref et rude, il est même préférable qu'il soit un peu douloureux. Tout ce qui ressemble de près ou de loin à de la tendresse est interdit et tout contact qui s'attarde est suspect. La douceur est équivoque. Les témoignages d'affection doivent être brefs, parfaitement maîtrisés, et rares. Sauf exceptions, le mot «amour» est tabou.

«Les baisers, les larmes et les accolades ne sont pas des preuves d'homosexualité», déclare C.S. Lewis en condamnant les barrières que les hommes ont dressées entre eux. «Les implications n'en seraient, dans le meilleur des cas, que très cocasses. Hrothgar enlaçant Beowulf*, Johnson enlaçant Boswell** — il est difficile d'imaginer couple plus hétérosexuel — et tous ces centurions velus de Tacite qui s'agrippent les uns aux autres en réclamant un dernier baiser avant la déroute de la légion... Tous des homosexuels? Si vous croyez cela, vous êtes bien naïfs. Néanmoins il s'avère nécessaire, à notre époque, de prouver qu'une amitié solide et durable entre deux hommes n'est pas une relation homosexuelle.»

«Le spectre de l'homosexualité, écrit Don Clark, spécialiste des groupes masculins de discussion, semble interdire la voie qui conduit à la prise de conscience de soi, à la compréhension et à l'acceptation des besoins d'amitié masculine.» Il souligne un problème commun à bien des hommes qui, pendant les discussions, déclarent: «Je réprime les sentiments que j'éprouve envers d'autres hommes car j'ai peur qu'ils n'aient un rapport avec l'homosexualité. J'ai besoin de l'amitié des autres hommes, mais je ne sais pas comment répondre à ce besoin.»

«Chérie, nous voilà!»

La seule intimité que les hommes apprécient sans crainte ni arrière-pensée est celle qui naît entre les membres d'un groupe. Des clubs de quilles aux équipes de balle molle, des associations

---

* Personnages de la littérature anglo-saxonne de l'époque préchrétienne. *Le Lai de Beowulf* est la plus ancienne des épopées teutoniques. (*N. D. T.*)

** James Boswell, mémorialiste britannique du XVIIIe siècle, a été l'ami intime du critique littéraire Samuel Johnson et a décrit leur amitié dans *La Vie de Samuel Johnson*. (*N. D. T.*)

amicales aux parties de poker du jeudi soir, les soirées «entre hommes» apportent aux hommes quelque chose qu'ils ne semblent pas trouver ailleurs. La relation entre un homme et les membres de son groupe, débarrassée du fantôme de maman et du spectre de l'impuissance, est des plus étroites.

Pour combattre leur solitude, explique le Dr Theodore Isaac Rubin, les hommes «se tournent vers les groupes. Ils adhèrent à une multitude de clubs, de sociétés, d'associations, de fraternités et d'ordres. Au sein du groupe, ils trouvent une hiérarchie bien définie qui leur indique clairement leur place par rapport à ceux qui les entourent. Les groupes offrent aux hommes la possibilité de vivre une relation étroite avec d'autres hommes, sans pour autant se sentir menacés».

Dans les groupes masculins, de l'équipe de football à la loge des francs-maçons, au bureau ou au bar après le travail, dans les clubs réservés aux hommes et aux parties de basket-ball improvisées, la compagnie des autres hommes est dépourvue de tout tabou sexuel. «Les hommes se sentent plus à l'aise en groupe que lorsqu'ils sont deux, nous a expliqué le Dr Alexander Levay, car en groupe, toute connotation homosexuelle disparaît.»

À la recherche de l'intimité affective qui, croient-ils, peut imprégner une amitié masculine, nourrissant des fantasmes fondés sur *Butch Cassidy et le Kid* ou sur la publicité des fabricants de bière, certains hommes hantent les bars, les bowlings, les vestiaires des stades et les salles de jeu. Ils n'ont pas de difficulté à à trouver de la compagnie, mais il est rare qu'ils découvrent la véritable intimité affective. «La compagnie masculine n'est pas le véhicule d'une relation masculine, écrit le Dr Joseph H. Pleck, mais plutôt son substitut.» Ne pas être seuls est le meilleur remède que les hommes aient découvert pour ne pas se «sentir» seuls.

Le groupe satisfait le besoin superficiel de camaraderie, mais il peut se montrer hostile envers l'individu lui-même. Les membres d'un groupe se perçoivent rarement en tant qu'individus, ayant un caractère original, des problèmes, des craintes, des sentiments et des espoirs qui leur sont propres. Par conséquent, on décourage la communication et l'intimité et on élimine, du même coup, le partage et le soutien, les deux fonctions primordiales d'une relation intime.

Par ailleurs, l'amitié entre les hommes obéit à certaines règles sur le plan pratique. Ainsi, deux amis se rencontrent rarement chez l'un ou chez l'autre, ils choisissent plutôt un terrain neutre tel qu'un gymnase, un club ou un bar. Dans un groupe, la place d'un homme dépasse rarement les frontières géographiques du groupe. Des études révèlent que les groupes masculins sont très peu mobiles. Les hommes choisissent généralement un endroit pour se rencontrer et s'en tiennent par la suite à ce choix. Par conséquent, il est peu probable que la rencontre dans un bar après le travail se change en réunion de fin de semaine chez l'un des membres.

Les femmes face aux amitiés masculines

Certaines femmes se plaignent de ne pas connaître l'intimité magique que leur compagnon partage, croient-elles, avec d'autres hommes. La jeune fille qui cherche désespérément un sujet de conversation lorsqu'elle retrouve son ami le samedi soir se demande s'il lui arrive à lui aussi d'être à court de mots avec ses copains de la fraternité. L'épouse qui attend, exaspérée, que son mari dépose son journal et consente à la regarder se demande si elle est exclue de la vie active qu'il semble mener en compagnie d'un camarade de bureau, des membres de son club ou de son équipe sportive.

De récentes études en psychologie ont cependant révélé que de nos jours les hommes s'ouvrent plus facilement aux femmes qu'aux hommes. «L'homme moderne, explique le Dr Pleck, préfère la compagnie des femmes car ce sont elles, plutôt que les autres hommes, qui attestent leur identité sexuelle.» En interrogeant des hommes pour son ouvrage *The Hazards of Being Male*, le Dr Herb Goldberg a découvert que «presque tous les hommes mariés considèrent leur épouse comme leur seul ami vraiment proche, la seule personne à qui ils font entièrement confiance».

Une importante étude entreprise par le Dr Mirra Komarovsky auprès d'étudiants de niveau universitaire a révélé que les hommes ont tendance à se confier surtout à leurs amies, plutôt qu'à leurs amis. Ces résultats ont été confirmés par une étude faite à l'Université Oberlin où la majorité des étudiants de sexe masculin avaient une femme comme principale confidente. «Les femmes qui croient que les amitiés masculines sont plus profondes et plus intimes que les relations entre hommes et femmes ignorent tout de la véritable nature des amitiés masculines», affirme un psychiatre de Washington.

Loin de menacer la relation d'une femme et d'un homme, l'amitié masculine peut renforcer et enrichir la capacité d'intimité affective de l'homme. La plupart des femmes savent que les amitiés avec d'autres femmes apportent un élément positif à leur relation avec un homme. Une femme qui a toujours eu des amies a cultivé cette faculté de se rapprocher des êtres; elle possède un héritage affectif qu'elle peut offrir à tous les hommes qu'elle rencontre.

Les amitiés masculines peuvent aider tout autant un homme. «Les hommes ne peuvent nouer des relations saines et équilibrées avec les femmes que s'ils construisent en même temps un système de soutien affectif mâle, affirme le Dr Goldberg. Ce système doit pouvoir alléger leur dépendance vis-à-vis des femmes et leur permettre de connaître tous les changements nécessaires qu'ils éprouvent sans crainte de perdre leur unique source d'intimité.»

Les amitiés masculines ont un rôle très particulier à jouer dans la vie d'un homme. Elles renforcent son identité sexuelle, sans chercher à exclure les femmes ou à prendre leur place.

Le langage masculin
Comment les hommes communiquent-ils?

Pour de nombreuses femmes, les hommes parlent un langage qui leur est étranger: quelques mots dépourvus d'intonation véritable, peu ou pas d'émotion, un langage sans intensité, sans relief, un mélange du monologue bouillonnant d'Humphrey Bogart et des «ouais» laconiques de Gary Cooper. «Lorsque quelqu'un demandait à Gary Cooper d'être prêt à midi tapant, raconte une femme de Los Angeles, il répondait simplement: «Ouais». S'il avait été une femme, il aurait demandé: «Que dois-je apporter?» ou «Qui sera là?».

Ce langage, c'est le langage masculin. Il est constitué de mots, de codes et de gestes. Il est aussi fermé que les hommes qui le parlent. Quelle femme n'a pas affronté le langage masculin à un moment donné? Que ce soit avec son père, avec son premier soupirant, son mari, son patron, ou avec un employé, un collègue ou même son fils, chaque femme a tenté au moins une fois de communiquer avec un homme peu démonstratif. Beaucoup d'entre elles ont abdiqué après des tentatives qui se sont avérées stériles. «Parler avec un homme, nous a dit une éleveuse de bétail de l'Oklahoma, équivaut à seller une vache: c'est un travail fou et qui n'a pas la moindre utilité pratique.»

Le langage masculin comparé au langage féminin

La conversation, selon la plupart des hommes, n'est pas un art: c'est un sport de compétition. Les femmes se plaignent fréquemment que beaucoup d'hommes sont incapables de soutenir une conversation sans essayer de prouver quelque chose. «Lorsque je parle avec mon mari... Non... Effacez cela... Je veux dire, lorsque je parle à mon mari, la conversation ne peut emprunter que deux voies, nous a relaté une femme. Soit qu'elle se transforme en discussion acharnée, soit qu'elle se termine avant même d'avoir commencé. Dans la minute qui suit la question que je lui ai posée, mon mari est bouillonnant de colère, ou complètement endormi. Aucune demi-mesure.»

La conversation masculine étant généralement compétitive, les hommes considèrent naturellement leurs interlocuteurs comme des concurrents. Dans un article publié par le magazine *Ms.*, Barbara Ehrenreich, auteur de *The Flight for Commitment*, donne à la conversation entre hommes le nom de «sport», car les «points» y sont marqués à l'aide de doigts pointés ou de coups de poing sur la table, tandis que les adversaires sont bloqués à l'aide de mouvements d'épaules ou d'interruptions soudaines.

Dans cet ordre d'idées, il est évident que les hommes ne peuvent justifier leurs conversations, comme tout le reste d'ailleurs, que si elles comportent un objectif bien précis. Les mots ne doivent pas se contenter d'«être», ils doivent aussi «faire». Le Dr Eric Skjei et le Dr Richard Rabkin, auteurs de *The Male Ordeal*, affirment que lorsque les hommes conversent, c'est presque toujours pour contester les idées ou les actes de leur interlocuteur. Sans cet objectif en vue, toute conversation est stupide et inutile. «La simple ventilation des émotions, quels que soient ses effets, est considérée comme un caprice par les hommes», déclarent les docteurs Skjei et Rabkin. Par conséquent, lorsque les hommes conversent, ils inventent généralement un ordre du jour bien précis, même si tout ce qu'ils désirent en réalité, c'est la compagnie d'une autre personne.

Les hommes possèdent plusieurs techniques pour monopoliser une conversation. Ainsi, ils ne parlent que si ce sont eux qui l'ont décidé. Les femmes qui essaient de les intéresser à la conversation ont l'impression de jouer le rôle «d'un matador en train d'aiguillonner un taureau», pour reprendre les termes d'une femme à qui nous avons parlé. Ce phénomène a été confirmé par une étude de la sociologue Pamela Fishman qui a «subrepticement» écouté des conversations de couples, dans leurs propres demeures. Elle a découvert que lorsque l'homme commençait la conversation, dans 96 p. 100 des cas on en venait à une discussion en bonne et due forme; lorsque c'était la femme qui engageait la conversation, il n'y avait que 36 p. 100 des chances pour que cela se produise. L'homme faisait rarement un effort pour participer.

Le Dʳ Barbara Lusk Forisha a étudié le degré de participation des étudiants des deux sexes aux cours universitaires. Même dans les classes composées de 66 p. 100 de filles, les étudiants de sexe masculin faisaient 75 p. 100 des interventions (ce chiffre repose sur le nombre de réponses fournies). Les résultats du Dʳ Forisha confirment ceux de Warren Farrell qui, en 1974, a découvert que dans des groupes mixtes d'au moins six personnes «les hommes ont tendance à parler la plupart du temps; les sujets abordés sont ceux qui intéressent les hommes; les femmes ont tendance à sourire et à poser des questions aux hommes et les hommes interrompent plus souvent et rarement pour exprimer leur accord».

Les interruptions masculines

L'une des techniques favorites des hommes pour monopoliser la conversation est l'interruption. Les sociologues Farrell et Fishman ont tous deux découvert que les rares conversations commencées avec succès par des femmes étaient fréquemment réorientées très vite par les interruptions des hommes qui souhaitaient parler de sujets qui les intéressaient davantage.

Deux sociologues californiens, Candace West et Donald Zimmerman, ont étudié les diverses orientations de la conversation d'étudiants, concentrant surtout leur attention sur les interruptions masculines. Comme on pouvait s'y attendre, ils ont découvert que les hommes interrompent beaucoup plus souvent que les femmes, qu'ils interrompent les femmes mais peu les hommes, que les interruptions masculines réussissent en général à faire dévier le cours de la conversation et que les hommes ne tiennent généralement pas compte des interruptions féminines.

D'après ces études et quelques autres, Barbara Ehrenreich conclut que les femmes «se livrent à une bataille presque solitaire pour entretenir la conversation avec un homme. Elles posent des jalons naïfs tels que «vous savez?» afin de mobiliser l'attention de leurs compagnons. Pendant ce temps, les hommes font leur possible pour les contrarier, laissant s'éteindre la conversation avec des «mmmmm», des conclusions illogiques ou des pauses inexplicables».

La différence entre le langage masculin et le langage féminin ne signifie pas nécessairement que les hommes sont moins conscients des besoins d'autrui, voire moins habiles à les interpréter que les femmes. La véritable différence repose sur les priorités: les hommes prennent le contrôle de la conversation parce qu'ils visent une victoire: «Cette compétitivité, a écrit un commentateur, empêche l'homme de s'extérioriser parce qu'elle le rend incapable de reconnaître sa propre vulnérabilité. Les vrais hommes, apprenons-nous très tôt, ne connaissent ni le doute, ni la peur, ni la déception; leurs espoirs et leurs ambitions doivent se réaliser et ils ne doivent être troublés ou enthousiasmés par aucun aspect de leur personnalité.»

Ce que la majorité des hommes ne voit même pas, c'est que la conversation compétitive ne fait ni gagnants ni perdants. Seul un débat peut être gagné ou perdu, car l'objectif du débat est de confronter deux adversaires. Une véritable conversation est faite de collaboration et de compromis qui engendrent la surprise, la satisfaction et, dans le meilleur des cas, la révélation mutuelle.

Hommes de faits et d'actions

Le langage masculin est un langage concret. Des caractéristiques d'une nouvelle voiture à la moyenne d'un lanceur favori, en passant par les détails d'un exploit sexuel, la conversation masculine est habituellement centrée sur des données quantifiables, vérifiables, définissables. Il est rare qu'on y aborde des phénomènes aussi difficiles à cerner que les sentiments.

Les magazines masculins, contrairement aux magazines féminins, mettent l'accent sur l'information plutôt que sur l'analyse, sur les résultats plutôt que sur les raisons. «Les problèmes masculins n'intéressent absolument pas les hommes, affirme une rédactrice de *Penthouse*. Les hommes se refusent à lire quoi que ce soit de négatif à propos de leur sexualité. Ils ne veulent pas penser à cela. Ils veulent s'identifier aux play-boys et s'acheter ce qu'il y a de mieux, y compris l'admiration d'une jolie fille.»

Délaissant les problèmes psychologiques et les conseils pratiques qui emplissent les pages des magazines féminins, les revues masculines insistent sur l'exploit, qu'il soit sexuel, professionnel ou sportif. «La fiction, remarque le Dr Joyce Brothers, y est caractérisée par l'action et l'aventure... On y traite rarement de sujets tels que l'insécurité masculine, les problèmes de santé, les relations entre compagnons de travail, les sentiments envers les femmes, l'insatisfaction de la qualité de vie, les rôles de père et de fils. Ces magazines ne laissent pas beaucoup de place à l'introspection.»

La vie des hommes non plus ne comporte pas beaucoup d'introspection. Il est difficile de discuter de sentiments et d'émotions dans un langage qui privilégie les faits. «On peut suivre l'évolution de l'intimité entre deux personnes, explique le Dr Loy McGinnis, conseiller matrimonial, en remarquant à partir de quel moment leur conversation passe de l'information à la confidence. En général, deux personnes qui se rencontrent limitent leur conversation à des faits. Mais au fur et à mesure qu'elles apprennent à se connaître, elles émettent des opinions. Plus tard, lorsqu'elles sont devenues amies, les sentiments émergent.»

Cette transition entre les faits et les sentiments est difficile à entreprendre pour un homme, car le langage masculin ne possède aucun terme décrivant les révélations intimes. Par conséquent, les hommes, contrairement aux femmes, demeurent malhabiles et mal à l'aise dans le langage des sentiments. Les faits deviennent des cloisons commodes qu'ils érigent autour de leurs problèmes et de ceux d'autrui. Tandis que les sentiments sont compliqués et difficiles à cerner, les faits demeurent clairs, nets et faciles à verbaliser.

Les hommes ont des intuitions subites, des impulsions irrationnelles et des réactions affectives, mais on leur apprend à ne jamais s'y fier. Clark Byse, professeur de droit à Harvard, qui avait l'habitude d'appeler ses *étudiantes* «Monsieur», avoue qu'il déteste le mot «ressentir». «Je me fiche de ce que vous ressentez, annonçait-il à ses étudiants. Je m'intéresse à votre cerveau et non à votre estomac.»

Tiraillés par leur besoin de s'exprimer par des faits et celui de révéler leurs sentiments, les hommes luttent constamment pour concilier ces deux aspects contradictoires de leur personnalité. Une femme qui travaillait pour le service publicitaire de Procter & Gamble, à Cincinnati, nous a parlé de son ancien patron. «C'était un homme extrêmement créatif, doté d'un flair exceptionnel pour repérer les nouvelles tendances du marché. C'était purement intuitif chez lui. Mais il se sentait toujours obligé de trouver une explication rationnelle. Un jour où nous lancions un nouveau détergent à vaisselle parfumé au citron, je lui ai demandé de m'expliquer ce qui lui faisait dire que le produit aurait du succès. Il m'a répondu: «Une étude du *Wall Street Journal* a révélé que les femmes réagissent favorablement au jaune.» En réalité, il se fiait tout simplement à ses intuitions. Il avait peur de l'avouer. Il estimait qu'une décision intuitive ne pouvait être justifiable.»

Lorsqu'un homme prend l'habitude de dissimuler ses émotions derrière les faits, il court le risque de ne faire confiance qu'à ces faits, même dans des situations où les sentiments priment sur les faits. D'ailleurs, plus il se sentira tourmenté, plus il deviendra froidement rationnel, concentrant son attention sur des faits précis.

Les faits ont évidemment leur place dans le processus de résolution des problèmes affectifs mais, en exagérant leur importance, les hommes évitent de faire face à la réalité même des querelles affectives: les sentiments. Une femme nous a raconté ce qui suit: «Il essaie de me faire passer pour une idiote parce que je suis incapable de discuter froidement et calmement de nos problèmes, comme si nous étions deux avocats en train de discuter d'une cause. Mais en réalité, c'est lui qui passe pour un imbécile. Qui donc peut discuter rationnellement lorsque la relation la plus importante de sa vie est en jeu? Je crois que beaucoup d'hommes utilisent cet argument uniquement pour se défendre.»

Sports et sexualité

Tous les sujets concernant la vie professionnelle d'un homme dominent la conversation masculine. Parler de son travail permet à un homme de satisfaire son obsession du but et son désir d'être précis et rationnel. Sous l'objectivité apparente, de nombreuses conversations en rapport avec le travail sont farouchement compétitives. Mais lorsque les hommes ne parlent pas de leur travail, ils parlent de sport et de sexualité. Tandis que la conversation à la table familiale s'éteint, le dialogue face au téléviseur le dimanche après-midi ne tarit jamais.

Presque invariablement, lorsque des hommes se rencontrent, la conversation est orientée vers ces deux sujets. Il peut y avoir quelques exceptions, de brèves allusions à un compagnon absent, des questions à propos de la famille, l'expression polie de sympathie ou de colère partagée, parfois même une courte discussion politique. Mais beaucoup d'hommes passent moins de temps à parler de chiffres d'affaires, de programmes de construction ou d'ordres du jour que du match de la semaine dernière, celui de la semaine prochaine et ceux de fin de saison.

À mesure que les hommes vieillissent, leur intérêt pour les sports s'émousse légèrement et leurs conversations sur la sexualité deviennent plus subtiles, plus «adultes». Les plaisanteries de nature sexuelle s'éloignent alors du récit hautement exagéré des exploits et des prouesses souvent imaginaires des adolescents. Personne ne croit plus à ces exploits dont le récit devient par surcroît embarrassant. La conversation tend plutôt à s'orienter vers les difficultés des uns et des autres, l'anatomie féminine et, surtout, vers des plaisanteries prudemment impersonnelles sur «l'impuissance, les prostituées, les homosexuels et la taille du pénis».

Le fossé linguistique

Selon certains linguistes, notamment le Dr Lillian Glass de l'Université de Californie à San Diego et le Dr Robin Lakeoff de Berkeley, les différences linguistiques entre le langage masculin et le langage féminin se retrouvent non seulement dans le fond mais aussi dans la forme de la conversation. Ces différences, présentes dans toutes les cultures, engendrent de fréquentes ruptures de communication entre les sexes.

Ainsi, les femmes Chiquito en Bolivie n'ont pas le droit d'utiliser le genre masculin de certains mots comme «dieu», «esprit» et «homme». Les femmes de plusieurs tribus sibériennes doivent prononcer certains mots différemment des hommes, et un homme qui utilise la mauvaise prononciation est considéré comme efféminé. On apprend aux Japonaises à éviter l'emploi des participes et des verbes masculins.

En Amérique du Nord, les différences sont généralement plus subtiles et transmises de manière moins formelle. Cependant, il est indéniable que chaque sexe a son propre style de langage: le langage masculin est plat et monotone, le langage féminin ressemble à un paysage alpestre. Comme l'a expliqué Mary Helen Dohan, ancien professeur à l'Université de Tulane, «les femmes ont tendance à parler en italique: «Je ne peux *pas* le croire! Tu *plaisantes*! Ils sont *si* jeunes!» Cette caractéristique du langage féminin a été mise à profit par la rédactrice de *Cosmopolitan*, Helen Gurley Brown.

Lorsqu'elles choisissent leurs mots, les femmes sont portées à utiliser des extrêmes. Un homme est en colère, une femme est furieuse. Un homme considère qu'un livre est bon, la femme le qualifiera de «merveilleux». Les femmes épicent également leur conversation de ce que Dohan appelle des «accents verbaux», en particulier le petit mot «si»: «Ce livre est *si* bon!» Dépourvu d'une proposition subordonnée («si bon que...»), le petit «si» n'a d'autre fonction que de renforcer l'opinion de la personne qui parle. Le même phénomène se produit en anglais, en allemand, en danois, en russe et dans d'autres langues. «Lorsque le «si» devient une forme emphatique, explique Mary Dohan, le terme qu'il détermine devient encore plus fort.»

Le langage masculin est, en revanche, dépourvu de toute emphase et de toute intensité. Ayant appris à se maîtriser même lorsqu'ils parlent, les hommes utilisent constamment le même ton; ils doivent donc employer d'autres techniques lorsqu'ils désirent mettre en évidence un point précis de leur intervention: les pauses, le caractère «viril» des termes et les jurons, assez rares dans le langage féminin. Lorsqu'une femme dit: «Oh, quel ennui!» un homme dira plutôt: «Fichu problème!»

Dans de nombreuses sociétés, les femmes semblent portées à terminer leurs affirmations par une courte interrogation: «C'est un bon livre, n'est-ce-pas?» Tout comme les Japonaises terminent leurs phrases par le respectueux *kashira* («je me demande»), les Occidentales ajoutent «n'est-ce-pas?» ou «ne croyez-vous pas?» Lorsqu'elles ne posent pas explicitement cette question, elles la posent implicitement, par l'intonation, transformant une affirmation directe en une interrogation polie. Les hommes, en revanche, sont portés à compenser l'hésitation par une assurance exagérée: «Ce livre est drôlement bon!»

Enfin, le langage des hommes relève de la compétition, celui des femmes, de la collaboration. Au lieu de donner des ordres, elles sollicitent: «Pourriez-vous me passer ce livre s'il vous plaît?» Un homme dira plutôt: «Passez-moi ce livre!»

«Lorsqu'une femme désire quelque chose, explique le Dr Lillian Glass, elle utilise le ton et les mots d'une requête. Elle attend donc des autres qu'ils recourent au même type de langage pour réclamer quelque chose.» Si tel n'est pas le cas, «ses espoirs psycholinguistiques sont déçus» et le ressentiment s'installe.

Le labyrinthe verbal ou
«comment semer votre interlocutrice»

Le langage masculin aurait pu naître d'une lecture assidue d'*Alice au pays des merveilles*. La conversation masculine n'est pas seulement parsemée d'interruptions, de conclusions illogiques et de «pauses inexplicables», elle est un véritable labyrinthe d'impasses, de commentaires trompeurs et de faux indices. Les hommes, surtout lorsqu'ils s'efforcent d'exprimer leurs sentiments, ne disent pas ce qu'ils pensent, pas plus qu'ils ne pensent ce qu'ils disent. Dans le langage masculin, la relation entre les mots et leurs sens est faussée.

«J'ai demandé à mon mari pourquoi il faisait une tête de six pieds de long depuis une semaine, nous a raconté un professeur d'école secondaire de Grenada (Mississippi). Il m'a répondu que le chat des voisins était mort. Quelques jours plus tard, il broyait toujours du noir, je lui ai donc reposé la question. Il a répondu que c'était son estomac. Deux autres jours se sont écoulés, il faisait toujours grise mine. Je lui ai demandé ce qui n'allait pas et il m'a répondu que le gazon avait besoin d'être tondu.

«Pendant tout ce temps, je savais exactement ce qui n'allait pas. Il était contrarié parce que je devais me rendre à une conférence donnée par des professeurs à Jackson et il a horreur que je parte. C'est tous les ans la même chose mais il ne sera jamais capable de s'extérioriser pour avouer ce qui le tracasse.»

Pourquoi les hommes refusent-ils de s'exprimer de façon directe? Pourquoi certains hommes font-ils allusion à l'amour plutôt que de dire tout simplement: «Je t'aime»? Plusieurs d'entre eux s'expriment de façon indirecte pour se protéger. L'allusion permet à un homme de connaître les sentiments de sa femme sans avoir à révéler les siens: il peut ainsi vérifier les intentions de sa compagne, sans avoir à dévoiler les siennes, et évaluer sa vulnérabilité sans avoir à laisser deviner la sienne.

Ce mode d'expression, indirect, équivaut au plongeon d'un orteil dans l'eau: elle évite à l'homme la congélation instantanée: le rejet. Lorsqu'un homme parle sans ambages à une femme, il favorise une réponse directe. L'honnêteté appelle l'honnêteté. S'il lui dit qu'elle le rend malheureux, elle peut lui répondre que c'est parce qu'elle ne l'aime plus. S'il dit: «Je t'aime», il risque qu'elle lui réponde par le silence. L'expression directe d'un sentiment est un pari que peu d'hommes acceptent de tenir. En revanche, l'expression indirecte permet à l'homme de garder la situation bien en main. Si la réponse n'est pas celle qu'il désire entendre, il peut toujours faire comprendre — indirectement bien sûr — à son interlocutrice, par un rire ou par un regard étonné, qu'elle s'est méprise sur le sens de ses paroles. Rien n'a été donné, rien n'a été perdu.

Certains hommes, de peur de révéler leurs sentiments, ont recours aux taquineries et aux plaisanteries. «Elles servent de barrières et de façades, déclare le Dr Theodore Isaac Rubin, et aident les hommes à ne pas tenir compte du besoin d'expression des véritables sentiments. La taquinerie permet d'exprimer aussi bien l'affection que l'hostilité. Les adolescents utilisent cette tactique avec leurs amis tandis que les hommes l'utilisent trop souvent pour établir des liens avec les enfants.»

Le langage de la taquinerie et de la plaisanterie est un univers de miroirs truqués dans lequel le sens des mots est déformé. C'est un monde où les sentiments et les émotions d'un homme émergent sous le voile de l'humour.

Pour des raisons d'ordre professionnel, Terry avait dû se séparer de sa fiancée pendant un an. Il craignait, de toute évidence, l'infidélité de Debbie et, pour se protéger contre des blessures possibles, il évitait de lui téléphoner et de lui écrire. Terry n'aurait jamais avoué son souci qui, pourtant, le rongeait nuit et jour.

Sa seule façon d'extérioriser son anxiété consistait à plaisanter à ce propos. Au déjeuner, à la cafétéria de la compagnie, il se demandait tout haut: «Avec qui Debbie va-t-elle passer la nuit, aujourd'hui?» Il décrivait ensuite l'appétit sexuel de Debbie et se torturait en imaginant ses aventures. Il était facile de percer cette bravade commune à bien des hommes qui expriment leurs craintes les plus profondes en se déguisant d'un costume de clown.

L'obstacle suprême: «Je t'aime»

Pourquoi les hommes ont-ils tant de mal à dire: «Je t'aime»? De tous les reproches que l'on fait aux hommes «fermés», c'est celui qui revient le plus souvent. Les autres symptômes de refoulement affectif sont tolérables, mais ces trois petits mots, selon la plupart des femmes, possèdent un effet magique. C'est l'absence de cette magie qui leur est insupportable. Pour de nombreuses femmes, s'extérioriser *signifie* être capable de dire: «Je t'aime.»

Pourtant, lorsqu'on demande aux hommes de prononcer ces mots, la plupart d'entre eux protestent. Ils considèrent qu'ils expriment déjà leur amour de mille manières différentes, des gestes affectueux aux petits mots gentils. Selon eux, les femmes attribuent à ces trois mots une valeur affective exagérée. Et leur dernier argument est que les sentiments sont plus importants que les mots.

L'amitié entre les hommes est généralement exprimée de façon indirecte et subtile, en conformité avec les règles du langage masculin. Elle peut prendre la forme d'une affirmation banale («Tu es le meilleur ami qu'un type peut avoir»), se dissimuler derrière une déclaration d'entraide («Tu peux compter sur moi»), être mentionnée indirectement («J'aimerais que tu sois là») ou encore être masquée par une plaisanterie («Je ne sais pas comment je fais pour te supporter»). Elle peut aussi revêtir la forme d'une tape dans le dos ou d'un regard complice («Toi et moi sommes les deux seuls êtres sensés dans un monde fou»).

«Bien sûr les hommes expriment leur affection, déclare un professeur d'université d'Austin. Mais leur manière de l'exprimer est étrangère à la majorité des femmes. Nous exprimons notre affection aux autres hommes en leur tapant dans le dos, en leur racontant une histoire grivoise ou en élevant la voix. Mais il est rare de voir un homme exprimer sans détours son amour pour un autre homme. Cela n'arrive que dans les films, et encore... Il faut qu'il soit vraiment à l'article de la mort.»

Malheureusement, les hommes adoptent la même attitude envers les femmes. Ils utilisent les mêmes circonlocutions, les mêmes détours, les mêmes gestes subtils. «Mais c'est notre chanson!» ou «Je crois que je l'échangerai bientôt contre une plus jeune», deux expressions qui indiquent bien que les hommes expriment leur amour dans un langage que la majorité des femmes ne connaissent pas. Comme le suggère Merle Shain, un simple «le dîner est-il prêt?» peut dissimuler une grande passion.

Les signaux contradictoires

Quel plaisir de rencontrer quelqu'un d'aussi sensible, d'aussi ouvert, d'aussi fragile! Quel dommage que vous ne soyez qu'une poule mouillée!

Real Men Don't Eat Quiche*

De toutes les forces qui incitent les hommes à être «fermés» — l'endoctrinement dès l'enfance, le culte de la virilité, la peur de la dépendance, les pères distants, les amitiés déçues, le langage «masculin» —, la dernière et peut-être la plus puissante est la Femme elle-même. C'est sans doute la découverte la plus surprenante que nous ayons faite: très souvent, les femmes ne veulent *pas* vraiment que les hommes s'extériorisent. Dans un monde où les rôles de chaque sexe sont en pleine évolution, certaines femmes ressentent elles aussi la crainte de l'intimité. C'est pourquoi elles réagissent parfois avec méfiance face aux hommes qui expriment leur sensibilité.

Les femmes qui choisissent des hommes «fermés», notamment des hommes très «fermés», ne le font pas de façon fortuite. Ce sont les mêmes facteurs culturels qui empêchent les hommes de s'extérioriser et qui incitent les femmes à choisir ces hommes «fermés». «Comme les femmes subissent les mêmes influences que les hommes, explique le Dr Alan Stone, plusieurs d'entre elles

---

* «Les vrais hommes ne mangent pas de quiche». (*N. D. T.*)

sont sexuellement attirées par des hommes distants et réservés. Lorsque les hommes reçoivent ces messages contradictoires, ils y voient inévitablement une distorsion entre les intentions réelles des femmes et ce qu'elles disent vouloir.»

Les femmes qui supplient leurs conjoints de se montrer doux et sensibles à la maison leur demandent bien souvent de se montrer imperturbables et ambitieux au travail. Malgré leurs plaintes, leurs doléances et leurs supplications face au manque de communication, les femmes sont souvent prisonnières des mêmes stéréotypes qui écrasent les hommes. Elles se sentent vaguement dupées lorsque le «beau mâle» qui a conquis leur coeur grâce à son regard d'aigle et son laconisme viril, dévoile soudain un coeur tendre et débordant d'une anxiété qui n'a rien de romanesque.

Plusieurs femmes, dès le premier signe annonciateur de problèmes, s'empressent de jeter le romantisme aux orties. La plupart des femmes qui dépendent uniquement de leur conjoint sur le plan affectif et financier perçoivent la moindre faiblesse de leur compagnon comme une menace à leur stabilité affective et matérielle. Pour bien des couples, un homme aux prises avec un grave problème est considéré comme un navire à la coque percée. Quelquefois, la première pensée de la femme n'est pas pour le navire qui aurait besoin d'être radoubé mais plutôt pour celle qui risque de se noyer.

La plupart des femmes affirment qu'elles veulent un homme capable d'exprimer sa vulnérabilité, de verser des larmes et de montrer de l'affection. Pourtant, que ce soit au cinéma ou dans la réalité, elles sont attirées par les hommes qui répondent à un «j'ai besoin de toi» par une poigne de fer et à un «je t'aime» par un regard dur. En fait, les femmes veulent un homme fort et distant à un moment donné, puis tendre et affectueux l'instant d'après. Elles souhaitent que leurs conjoints soient vulnérables *et* invincibles. Lorsqu'elles ont besoin d'émotions fortes, elles recherchent le mystère et se plaignent des faiblesses masculines; lorsqu'elles ont besoin de réconfort, elles réclament de la tendresse et n'ont que faire de l'attitude réservée des hommes. L'homme «fermé» semble être à la fois exaspérant et incroyablement fascinant. Il est simultanément l'homme inaccessible et froid qui refuse de partager ses sentiments, qui n'offre aucun soutien affectif, et le prince mystérieux qui hante les fantasmes de tant de femmes.

Une femme nommée Sarah a reconnu que les femmes elles-mêmes contribuaient parfois à entretenir le mythe de l'homme fermé. «Il est évident que certaines d'entre nous veulent des hommes «fermés». Je ne crois pas que toutes les femmes soient vraiment attirées par les discussions à coeur ouvert et par l'expression de la vulnérabilité. Une femme qui veut pouvoir dépendre d'un homme ne veut pas que cet homme soit vulnérable. Ce qu'elle veut, c'est un comportement qui prouve qu'elle peut dépendre de lui. Elle n'a que faire de la vulnérabilité mise à nu par l'extériorisation véritable. Après tout, nous sommes tous plus ou moins vulnérables.

«Je crois que les gens se créent des problèmes lorsqu'ils s'obligent à jouer un rôle précis. Heureusement, j'ai échappé à cela. Je n'ai jamais demandé aux hommes d'être le rocher sur lequel je pouvais m'appuyer. Je ne leur ai jamais demandé de devenir ma seule raison d'être.

«Si vous voulez qu'un homme soit le centre de votre vie, comme le désiraient les femmes il y a cinquante ans et comme certaines le désirent encore, il est essentiel que l'homme soit parfait, invulnérable et sans problèmes; il doit aussi se comporter comme un père irréprochable, capable de faire face à n'importe quelle situation.»

Toutes ces exigences et toutes ces contradictions font naître chez la plupart des hommes des incertitudes et des angoisses reliées à leur rôle d'homme. Doivent-ils se montrer tendres et démonstratifs ou réservés et séduisants? S'ils luttent pour entretenir l'illusion de l'invincibilité, leur femme les quittera-t-elle pour trouver un véritable «ami»? S'ils abandonnent leur fierté de mâles et révèlent leur vulnérabilité, perdront-ils leur prestige irrésistible d'hommes «forts et taciturnes»? Troublés et perplexes, beaucoup d'hommes refusent de quitter l'abri de l'isolement affectif: ils n'y gagnent rien mais ils sont assurés de ne rien perdre.

Il devrait être facile aux femmes de comprendre les problèmes de l'homme «fermé» puisque plusieurs d'entre elles doivent répondre aux attentes tout aussi contradictoires de leur compagnon. La femme fatale des fantasmes masculins doit être capable de se transformer en mère idéale; l'amante déchaînée de la nuit doit devenir la maîtresse de maison consciencieuse le jour. L'homme attend l'impossible de sa compagne, tout comme la femme qui désire simultanément un étalon invulnérable et un ami mystérieux.

Nous avons discuté avec un homme de trente-six ans, un ancien officier de la marine, qui venait tout juste de divorcer. Il a reconnu que sa femme et lui, peu avant leur séparation, avaient essayé de mettre à nu ses sentiments. Il s'était efforcé de collaborer mais s'était senti perdu. «Je me sentais vraiment mal à l'aise dans ce genre de discussion. Après tout, ma femme ne s'était jamais plainte de mon métier. Je sais que beaucoup d'hommes aimeraient que leur femme soit une Florence Nightingale avec les enfants et une maîtresse passionnée au lit. Ils veulent qu'elle soit tout à la fois. Je crois que les plaintes des femmes sont justifiées à cet égard. Mais elles ne comprennent pas qu'elles sont, elles aussi, trop exigeantes avec nous. Elles veulent que leur compagnon soit vulnérable en certaines occasions et fort en d'autres occasions. Nous aussi, nous pourrions nous plaindre!»

DEUXIÈME PARTIE

Comment surmonter la crainte de l'intimité

Conduire un homme à l'intimité

L'amie

Il existe un traitement au syndrome d'Ulysse, destiné aux hommes qui refusent de répondre aux attentes de leur conjointe. Ce traitement doit être fait par l'un des deux membres du couple et, généralement, c'est la femme qui joue le rôle le plus actif au cours de cette thérapie. «La femme doit conduire l'homme à l'intimité, déclare le Dr Ari Kiev. Dans la plupart des couples, c'est elle qui étudie ses propres sentiments, c'est elle qui comprend, c'est donc elle qui possède les qualités requises pour diriger le traitement.»

Pourquoi la femme doit-elle assumer ce rôle? Pourquoi l'homme n'est-il pas capable de se «guérir» lui-même? «Cela est impossible, affirme le Dr Kiev. L'homme est en général trop stupide dans le domaine émotif. Il ne sait pas quoi faire. Il ne sait pas ce qu'il ressent, ni ce qu'il veut. Il est paralysé par ses craintes — du rejet, de la dépendance, de ne pas être l'homme qu'il devrait être. Bref, c'est lui qui a besoin d'aide.»

La femme doit d'abord se demander si elle désire sincèrement accomplir cette tâche qui, avouons-le, est des plus ardues. Malgré toute sa bonne volonté, elle sera incapable de modifier le passé de son compagnon, pas plus qu'elle ne pourra le soustraire aux pressions sociales. Mais elle *peut* modifier le présent et éliminer les tensions qui surviennent dans le couple. À cette fin, elle devra, elle aussi, accepter de changer plusieurs aspects de son tempérament.

Tout d'abord, elle doit se demander si elle désire vraiment cette intimité. Que fait-elle ou qu'a-t-elle fait pour empêcher son conjoint de communiquer ses sentiments? Lui envoie-t-elle inconsciemment des messages qui lui font croire qu'elle ne désire *pas* qu'il s'extériorise? Désire-t-elle, peut-être sans le savoir, qu'il demeure «fort et distant»? Lorsqu'il s'extériorise, lui montre-t-elle, par son comportement, qu'elle apprécie cet effort? Ou le conduit-elle à se refermer? Craint-elle de découvrir un homme qu'elle aimera moins? Craint-elle que l'évolution de leur relation exige qu'elle s'extériorise davantage et se rapproche plus de son compagnon qu'elle n'est prête à le faire?

Si elle désire vraiment une relation plus ouverte, elle doit d'abord inciter son compagnon à souhaiter la même chose. Elle doit lui faire comprendre que l'épanouissement affectif, bien plus que la réserve et la compétitivité, est essentiel à son équilibre psychologique et à son bien-être physique. «Il est important que l'homme comprenne que les sentiments, bien qu'il les ait refoulés, ont toujours été là: ils sont innés chez lui comme chez la femme, explique le psychothérapeute new-yorkais Cese MacDonald. C'est la société qui lui a refusé la liberté de les exprimer. Il n'est pas obligé de demeurer «fermé» mais, en définitive, il est le seul à pouvoir décider de son sort sur le plan affectif. Lui seul peut choisir de s'exprimer librement sans se sentir pour autant menacé.»

Le Dr MacDonald a sans doute raison lorsqu'il affirme que seul l'homme peut décider de s'extérioriser. Mais sa compagne peut certainement l'aider à s'engager dans la bonne voie.

L'indépendance et l'abdication

Comment une femme peut-elle fournir ce type de soutien, surtout si l'homme résiste à ses efforts croyant y voir une atteinte à son indépendance? Nous avons parlé à plusieurs femmes qui avaient été ainsi repoussées par leur compagnon alors qu'elles s'efforçaient de l'aider à s'extérioriser. L'homme avait interprété ses efforts comme une tentative de manipulation. «Si je lui demande franchement de m'expliquer ce qui ne va pas», nous a raconté une femme du Wisconsin, mariée depuis onze ans, «il se sent attaqué. Si je souris tendrement avant de lui servir son plat favori, il pense que je cherche à le manipuler. Quoi que je fasse, il se retire dans sa coquille.»

D'après le Dr Kiev et d'autres experts, il existe une méthode qui permet à une femme de se rapprocher de son compagnon sans faire surgir en lui la crainte de la dépendance et sans paraître dépendante elle-même. «Il faut combiner deux extrêmes, explique le Dr Kiev. La femme doit être à la fois indépendante et soumise. Vous estimez que ces attitudes sont contradictoires, mais tel n'est pas le cas. Elles peuvent fort bien se compléter, car il faut éviter que les femmes réagissent au comportement de l'homme «fermé» en se montrant exagérément dépendantes et exigeantes.»

Aux yeux de beaucoup d'hommes, une femme dépendante et exigeante ne suscite aucun intérêt. L'une des femmes que nous avons interrogées nous a raconté ce qu'un compagnon lui avait dit un jour: «Tout ce que tu me dis m'appparaît à la fois comme une plainte et comme un ordre.» Ce type de comportement, fondé sur la culpabilisation et sur la contrainte, éloigne immédiatement la plupart des hommes qui y voient de la manipulation.

Beaucoup de femmes pensent que le don de soi consiste à être continuellement au service de l'autre, à avoir un caractère facile et à toujours être d'accord avec son mari. Elles cèdent à tous les caprices de leur compagnon et estiment qu'elles se sacrifient pour l'amour. «Nombreuses sont les femmes qui grandissent persuadées que les hommes sont tout-puissants et que leurs compagnes doivent apprendre par coeur le rôle de Cendrillon, déclare le Dr Kiev. Elles croient que si elles sont toujours séduisantes et de bonne humeur, les hommes ne les blesseront pas, ne les rejetteront jamais. Elles placent les hommes sur un piédestal et considèrent qu'elles les soutiennent.»

En réalité, ce type de subordination conduit presque inévitablement à une accumulation de rancune. D'une part, l'homme considère sa compagne comme fondamentalement dépendante et se sent implicitement obligé de répondre à ses attentes, malgré ses mécanismes de défense qui le poussent à se retirer dans sa coquille. D'autre part, la femme est souvent irritée par l'insuffisance de la réponse affective de l'homme face à son sacrifice. Sa colère incite l'homme à s'éloigner davantage.

L'autre erreur des femmes est de démontrer leur indépendance en se montrant exigeantes. «J'ai parfois l'impression que la seule porte de sortie qui reste à mon orgueil consiste à me mettre en colère et à porter des accusations contre mon mari», nous a raconté une jeune femme de trente ans, qui vit en Caroline du Nord. «J'ai moi aussi des besoins affectifs et je suis obligée de le lui rappeler continuellement car je sais bien qu'il ne me posera jamais la question.» Quelle que soit la validité de ce type de revendications — que les hommes peuvent d'ailleurs apprendre à reconnaître —, il est évident que les hommes réagissent négativement aux exigences des femmes, surtout si elles sont formulées sur un ton excessivement colérique ou geignard.

Il est possible qu'une bonne colère ait un effet purificateur chez la femme, mais elle n'incitera guère un homme à apprécier les beautés de l'intimité affective. «La femme doit également résister à la tentation d'être autoritaire, affirme le Dr Kiev, même si l'homme l'encourage dans cette voie ou tolère son autoritarisme. Presque tous les jeunes garçons apprennent à ignorer leur mère lorsqu'elle se montre autoritaire. Par conséquent, ils n'ont aucun mal à transposer cette attitude dans leur vie de couple. Il s'agit d'une manoeuvre à la fois agressive et passive qui permet à l'homme de se protéger de l'intimité.»

Comment une femme peut-elle être indépendante et soumise dans la vie de tous les jours? Il faut qu'elle soit suffisamment indépendante, sur le plan affectif, pour laisser l'homme s'éloigner lorsqu'il est de mauvaise humeur (même si elle est aussi de mauvaise humeur), pour le laisser se plaindre lorsqu'il a passé une dure journée (même si elle vient, elle aussi, de passer une dure journée) et pour le laisser seul lorsqu'il en a besoin (car elle aussi en a besoin).

La femme doit lutter contre la tentation d'un comportement dépendant et exigeant lorsque ses besoins affectifs requièrent plus que ce que l'homme est capable de lui offrir. Certaines femmes devront cesser de se montrer soumises et dépendantes, tandis que d'autres s'efforceront d'être moins exigeantes dans le seul but d'affirmer leur indépendance. Tout cela signifie que la femme doit prendre ses distances par rapport aux problèmes de son compagnon et ne pas considérer la lutte dans laquelle il est engagé comme un rejet d'elle-même. Au lieu de le considérer comme un individu tout-puissant qui la dépouille de son indépendance, elle doit le voir comme un homme vulnérable qui a besoin de la force et de la tendresse de sa compagne.

En étant indépendante et en donnant au lieu d'exiger, la femme peut atténuer chez l'homme la crainte de la dépendance qui le maintient constamment à distance. Elle peut être celle vers qui il accourt pour oublier les exigences de la virilité et de l'indépendance, celle qui lui permet de se détendre et de se libérer.

«En se montrant dépendante et exigeante, affirme le Dr Kiev, une femme *invite* son compagnon à se retirer dans sa tour d'ivoire. Dès qu'elle devient indépendante, insaisissable et mystérieuse, l'homme est prêt à gravir des montagnes pour la rejoindre.»

Les étapes de la relation avec un homme «fermé»

Étant donné que les femmes, à l'instar des hommes, apportent dans un couple leur propre passé constitué, entre autres, de doutes et d'anxiété, les efforts de rapprochement peuvent être ardus et frustrants. La vie de plusieurs couples évoque un film des Marx Brothers dans lequel les personnages se pourchassent inlassablement dans un labyrinthe, sans jamais se rencontrer: les êtres humains se croisent et ne se voient pas ou s'aperçoivent furtivement puis disparaissent.

En dépit de cette confusion, les relations avec un homme «fermé» suivent généralement un schéma assez simple: attirance, repli sur soi, impasse. Il est important que la femme analyse le processus de ces relations si elle veut s'en libérer.

Première étape: l'attirance

L'homme, au début d'une relation, joue un rôle conforme à ses idéaux de virilité. Les attitudes stéréotypées sont d'une évidence flagrante. La femme joue la plupart du temps le rôle de maîtresse tandis que l'homme assume le rôle de conquérant, de soupirant engagé dans un combat mettant à l'épreuve sa virilité. Tel un paon, il fait la roue pour attirer la femelle. La femme représente à ses yeux un trophée qui flatte son amour-propre masculin.

Bien entendu, la «conquête» n'est pas que démonstration de plumes ou de puissance sexuelle. Elle peut aussi comporter des moments de tendresse et d'échange sur le plan affectif. Au cours de la première étape, même l'homme «fermé» se conduit correctement. Il est capable de n'importe quelle réponse affective s'il juge qu'elle servira sa cause. Il peut même laisser entrevoir une certaine vulnérabilité qui, dans d'autres circonstances, renverserait ses idéaux de virilité.

Les femmes se plaignent souvent que les hommes paraissent ouverts et communicatifs lorsqu'ils les courtisent, mais qu'ils deviennent taciturnes et distants lorsque la relation est bien établie. «Les hommes sont en général exaspérants, nous a dit une femme divorcée qui vit à Washington. Ils font toutes sortes de promesses et, au moment où vous croyez en avoir rencontré un qui mérite votre confiance, le voilà qui se retire dans sa coquille.»

Au cours de la première étape d'une relation, l'homme «fermé» accepte de s'extérioriser, d'exprimer son besoin d'intimité, besoin normalement inhibé par le stéréotype de la virilité. «Poussé par son intense désir d'intimité affective et sexuelle avec une femme, expliquent Eric Skjei et Richard Rabkin, l'homme est tout d'abord enchanté d'avoir enfin noué une relation stable et fascinante. Mais l'assouvissement de son désir sexuel peut faire resurgir la crainte, profondément ancrée en lui, de l'extériorisation, de la vulnérabilité et d'une douloureuse dépression au cas où la relation serait rompue.»

Par conséquent, au cours de la première étape, l'homme «fermé» est capable d'intimité. Mais il s'agit d'une intimité reposant sur le désir de conquérir et non sur l'acceptation de ses propres besoins affectifs. Extérieurement, il paraît ouvert mais, intérieurement, il reprend progressivement tout ce qu'il semblait avoir donné.

À ce stade d'une relation, un homme distant nouera une relation avec une autre femme, ou rompra avec celle qu'il vient de séduire. «Terrifié à l'idée d'être «dévoré», affirme le Dr Theodore Isaac Rubin, l'homme distant est profondément attaché à sa liberté.» Il s'agit d'un homme qui, atteint d'une forme avancée et aiguë du syndrome d'Ulysse, refuse de s'engager avec une seule femme, même provisoirement, car il craint de devenir trop dépendant.

Cependant, pour la plupart des hommes, l'attrait de l'intimité affective est trop grand pour disparaître immédiatement. Par conséquent, ils demeurent avec leur compagne tout en s'éloignant psychologiquement, élargissant ainsi le fossé entre leur engagement apparent et leur réserve intérieure. «Malheureusement, affirme Michael Korda, nous désirons et nous recherchons passionnément l'intimité en même temps que nous la craignons. Elle entraîne la décision de finir notre vie avec une seule personne. Nous abandonnons certaines libertés et nous courons le risque d'un échec aux conséquences désagréables.» Malheureusement, plus les hommes se rapprochent de cette intimité affective, plus leurs craintes s'intensifient et plus l'Ulysse qui vit en eux les incite à s'éloigner et à se protéger.

Sensible aux réactions de son compagnon, la femme ne tarde pas à percevoir son isolement affectif. Habituellement, elle demande à être rassurée. Elle insiste, subtilement au début, pour que le fossé soit comblé, pour que l'homme *se donne* véritablement. L'homme interprète alors cela comme une exigence.

Deuxième étape: le repli sur soi

Ironiquement, le repli sur soi suit souvent un signe extérieur d'engagement affectif, par exemple la décision d'emménager ensemble ou de se marier. L'homme se sent subitement prisonnier alors qu'en réalité l'engagement public n'a fait que mettre en lumière des angoisses et des craintes qui n'étaient encore qu'inconscientes.

Une vendeuse divorcée, âgée de quarante ans et qui vit à Washington, nous a expliqué pourquoi elle refuse d'épouser l'homme avec qui elle vit depuis cinq ans: «Je sais bien que si j'accepte, je ne serai plus courtisée, je ne recevrai plus ni fleurs ni attention. Les rôles seront inversés. C'est moi qui devrai lui consacrer toute mon attention. Je deviendrai sa mère, comme je suis devenue celle de mon premier mari.»

«Au moment de l'engagement, il est possible que l'homme réagisse avec hostilité et ressentiment, réaction qui dissimule souvent la crainte de la dépendance et de ses épuisantes exigences, déclare le Dr Herb Goldberg. Si elle abandonne, c'est comme si elle lui arrachait sa dernière bouée de sauvetage affective.» En général, l'homme réagit à cette menace en mettant en branle le mécanisme de détachement affectif qu'il a appris à utiliser pendant son enfance. «Il se détache, poursuit Goldberg, se fiant à certains moments de défoulement pour endiguer le torrent des sentiments inattendus.»

Bien qu'une femme puisse craindre au même titre qu'un homme d'être assujettie à sa vie de couple (compte tenu de l'évolution récente des modes de comportements féminins qui tendent à faire disparaître la subordination), «elle a plus de facilité qu'un homme à faire face à ses sentiments. Car pour elle la dépendance n'est pas automatiquement associée à la faiblesse», explique le Dr Rubin. En outre, elle n'a probablement pas appris, contrairement aux hommes, à exprimer sa crainte ou son ressentiment. Il est donc probable qu'elle retournera sa colère contre elle-même, au point de se blâmer pour la rancune que semble éprouver son conjoint. Malheureusement, la culpabilité, tout comme la dépendance, est un sentiment exigeant qui est souvent perçu par l'homme, à tort, comme une autre demande de réconfort.

Le passage de la première étape (attirance) à la deuxième (repli sur soi) peut être accompagné d'une évolution du rôle de la femme: d'amante, elle devient mère. Inconsciemment, l'homme souhaite cette transformation et la favorise. «Pour un fils, nous a dit une New-Yorkaise, sa mère, quel que soit son âge, demeure la plus belle femme du monde.» Il est donc peu surprenant que l'homme, après avoir quitté l'étreinte maternelle, s'efforce de transformer la deuxième femme importante de sa vie en mère de remplacement. La femme, pour des raisons connues d'elle seule, peut se laisser entraîner à jouer ce rôle, voire être attirée par lui. Pourtant, il est hors de doute que cette évolution décourage toute honnêteté affective. Quelle que soit la profondeur des sentiments qu'un homme éprouve pour sa mère, ils ne sont guère propices à l'apparition de l'intimité affective.

Bien qu'il soit désireux de protéger son indépendance menacée, l'homme continue de rechercher l'approbation de sa compagne. Il a besoin de mériter son amour maternel, d'être son «bon petit garçon». Bien entendu, il répugne à partager avec elle tout aspect de sa personnalité susceptible de ternir son image et de lui valoir la réprobation de sa compagne. Au lieu de se rapprocher de sa femme comme un adulte qui est capable de donner et de recevoir, l'homme va vers elle comme un enfant va vers sa mère, pour obtenir sa protection et son soutien.

Les hommes expliquent rarement à leur femme pourquoi ils sont si distants. La femme victime du ressentiment et de l'hostilité caractéristiques de la deuxième étape peut difficilement deviner qu'ils masquent la crainte de la dépendance. «Si l'homme évite d'exprimer ses besoins ou ses attentes, conclut le Dr Goldberg, sa compagne finira par le détester, ou par adopter une attitude masochiste à son égard.»

Troisième étape: l'impasse

À ce stade, la relation est surtout marquée par le retrait et la distance mutuels. Le portrait de l'homme «fermé», que dépeignent tant de femmes, est caractéristique de cette étape. Il est boudeur, renfermé et lunatique. Ses longues périodes de silence sont entrecoupées de brusques explosions émotives. En réalité, l'homme combat sa crainte de la dépendance en adoptant ce comportement anarchique. «La bouderie, explique le Dr Rubin, représente le retrait, c'est-à-dire une forme de liberté et d'isolement volontaire.»

Au cours de cette étape, l'homme refuse de confier ses problèmes, même les plus importants, tels que son insécurité sur le plan professionnel, un décès, une maladie, l'impuissance sexuelle. Mais surtout, il refuse catégoriquement de discuter de son propre comportement et des problèmes qui en résultent dans le couple. Il devient un étranger dans sa propre maison. L'épouse, ou l'amie, est alors profondément déçue et bouleversée par cette attitude. «Cette déception, affirment les docteurs Skjei et Rabkin, est celle qui provoque les blessures les plus profondes et, ultérieurement, le mépris le plus accentué. Rien n'est plus différent de l'image masculine teintée de confiance en soi, de réalisme et de maîtrise de soi... C'est cela, plus que tout le reste, qui dissipe, chez les femmes, leurs illusions à propos des hommes.»

La rupture du carcan

Pour rompre le carcan de crainte et d'isolement qui emprisonne tant de couples, la femme doit ajouter le rôle d'amie à ses rôles d'amante et de mère. Car si elle devient l'amie de son compagnon, elle pourra déjouer le système de défense dont il s'entoure et nouer une relation intime, libérée de l'éternel conflit «attraction-répulsion».

Le rôle d'amie est également le seul qui permet à la femme d'avoir une vision non déformée de la personnalité de l'homme: face à l'amante, l'homme joue le rôle d'amant, face à la mère, il joue le rôle du fils parfait. C'est seulement face à l'amie qu'il peut s'ouvrir complètement, sans craindre la dépendance, sans s'imaginer qu'il est sur le point de perdre sa virilité. «Dans les mariages les plus réussis, les conjoints sont aussi des amis intimes, affirme le Dr Joseph H. Weissberg, professeur de psychiatrie à l'Université Columbia. L'attrait sexuel les attire l'un vers l'autre, mais c'est l'amitié qui assure la stabilité.»

Les étapes nécessaires pour parvenir à ce type d'amitié dépendent du stade de la relation. Mais quel que soit l'isolement des époux, quel que soit l'enracinement des rôles de chacun, presque toutes les relations peuvent être transformées en une relation amicale qui entraîne l'épanouissement sexuel et affectif.

Comment échapper au stade de l'attirance

Il arrive souvent qu'au cours de la première étape d'une relation de couple, la principale source de conflit intérieur chez un homme «fermé» soit la sexualité. Mettant à l'épreuve sa virilité, tout en invitant à l'intimité, la sexualité devient la clef de voûte de sa crainte de la dépendance. La meilleure méthode, ou du moins la plus facile, pour éviter la réaction de détachement affectif qui accompagne souvent les relations sexuelles, consiste à s'en passer au début de la relation de couple.

«Les relations sexuelles ont tendance à accélérer le processus, nous a expliqué un conseiller matrimonial de Houston. Les gens partagent une très grande intimité sur le plan physique alors qu'ils se connaissent à peine. Rien d'étonnant à ce que cela déclenche toutes sortes de réflexes de défense, tant chez les hommes que chez les femmes. Autrefois, lorsque les rapports sexuels étaient l'apogée naturel et magnifique d'une longue relation intime, tout était plus simple.»

«Le système du double standard prévaut toujours chez les hommes, affirme le D\u1d63 Kiev. Ils tirent simplement parti de l'évolution des moeurs pour satisfaire leurs besoins. C'est pourquoi il y a des femmes qui se croient obligées de coucher avec un homme pour ne pas le perdre. C'est parfait si elles ont seulement envie de coucher avec lui, mais si elles désirent établir une relation amoureuse, elles ne sont pas dans la bonne voie.»

Lorsque l'homme et la femme attendent d'avoir partagé plusieurs expériences affectives, le conflit «attraction-répulsion» suscité par l'activité sexuelle est considérablement atténué. Retarder les relations sexuelles permet à l'homme d'accepter son besoin d'intimité affective avant de s'engager dans la lutte inconsciente qui consiste à prouver sa virilité sur le plan sexuel. En lui permettant de régler tous ses conflits intérieurs, la femme a plus de chances de le voir choisir l'intimité.

«Il me semble que la vie à deux était plus facile avant la

révolution sexuelle, écrit Michael Korda. Nos parents et nos grands-parents pensaient à long terme. Ils étaient mariés ou fiancés avant d'avoir des relations sexuelles. Ils tenaient pour acquis (parfois à tort) que le mariage durerait toute leur vie et ils comprenaient que la véritable intimité naît de l'habitude, de l'élimination progressive des obstacles que les gens élèvent pour protéger leur ego, du partage des expériences de la vie.»

Autrefois, les «fréquentations» et les fiançailles prolongées permettaient au couple de se connaître et d'apprendre à se faire confiance. Lorsqu'arrivait le moment des relations sexuelles, ils étaient déjà de bons amis. À notre époque de libération des moeurs, le langage de la confiance est souvent appris trop tard, si tant est qu'il le soit. Les couples d'aujourd'hui en subissent les conséquences: manque de communication, ruptures, divorces ou mariages malheureux.

Comment échapper au stade du repli sur soi

On reconnaît en général que l'intimité sexuelle prématurée déclenche les mécanismes défensifs de l'homme lorsque l'attraction sexuelle s'évanouit. «À ce stade, explique le thérapeute Cese MacDonald, le couple devrait simplement admettre que l'attrait sexuel a disparu, ou mieux, que la relation a subi une transformation. Ils doivent accepter le fait que la vie ressemble à des «montagnes russes». On passe de l'attirance sexuelle à la désillusion, on noue une relation puis on la rompt.»

Le couple doit accepter les changements du désir sexuel afin de neutraliser la tendance naturelle de l'homme à se retirer dans sa coquille lorsqu'il craint pour sa liberté. Lorsque l'effet du premier coup de foudre s'est atténué, l'homme et la femme sont portés à se blâmer: «Est-ce ma faute s'il ne m'aime plus?» ou «Est-ce ma faute si elle ne me trouve plus séduisant?» Cette incertitude sape la confiance sexuelle de l'homme en mettant sa virilité en doute. Menacé, il risque de se retirer davantage dans sa coquille. La femme peut l'en empêcher en déculpabilisant son compagnon et en envisageant des solutions positives.

Au cours du stade du repli sur soi, l'homme et la femme perçoivent mal les messages qu'ils s'envoient. Lorsque les deux membres d'un couple se blessent, ils s'efforcent de se protéger plutôt que de communiquer. Cette attitude aboutit parfois à la rupture des communications.

«Voici un exemple typique, explique le Dr Kiev. La relation sexuelle échoue. Le mari, croyant que sa femme lui en veut, ne lui fait plus d'avances. Elle se plaint alors de son manque d'initiative sur le plan sexuel. Il finit par entreprendre une tentative de rapprochement hésitante, mais étant donné qu'elle l'interprète comme une approche thérapeutique, qui n'a rien de sentimental, elle le repousse. Il devrait plutôt lui dire: «J'ai vraiment envie de faire l'amour avec toi ce soir», mais il a peur qu'elle le rejette, comme elle l'a déjà fait, et il se refuse à être aussi direct.»

Pour remédier à la rupture des communications, l'homme et la femme doivent comprendre qu'ils émettent des signaux erronés, qu'ils ne communiquent pas leurs véritables sentiments, qu'ils n'expliquent pas ce qu'ils attendent réellement de l'autre. «Chacun interprète le message de l'autre d'une manière trop littérale, nous a expliqué le Dr Kiev. Ils devraient plutôt cerner l'effet de la communication sur leur comportement.»

D'après les experts, ce que nous disons n'est souvent pas aussi important que la manière dont nous le disons. Ce qu'un membre du couple dit à l'autre déclenche une réaction qui à son tour provoque une autre réaction et ainsi de suite. Le «profil» de la discussion demeure généralement le même, c'est-à-dire que la querelle d'aujourd'hui à propos du dîner possède les mêmes caractéristiques structurelles que la querelle d'hier à propos du loyer. Les partenaires devraient s'efforcer de discerner le «profil» de leurs échanges qui importe autant que le contenu de leurs discussions. Lorsqu'ils ont découvert ce «profil», ils peuvent prendre du recul pour tâcher de le modifier. «Les deux partenaires doivent se percevoir comme deux acteurs d'une pièce de théâtre qui réciteraient le même dialogue pendant des années, explique le Dr Kiev. Une fois qu'ils y sont parvenus, ils sont capables de maîtriser leur communication car ils prennent conscience de la voie qu'elle suit.

«Voici ce que je suggère à mes patients: «Imaginez que vous êtes tous deux dans le même canot. Lorsque la dispute s'envenime, vous vous levez et quelques secondes plus tard, vous êtes tous les deux dans l'eau.» Dès qu'ils ont compris cela, la plupart des gens commencent à penser moins à eux-mêmes et davantage au canot.» L'homme et la femme doivent se rendre compte que leur relation possède ses propres besoins, indépendants des leurs. Ils pourront par la suite mieux saisir que l'enjeu véritable est la relation de couple, et non pas les partenaires perçus individuellement.

Comment sortir de l'impasse

Lorsque les partenaires d'un couple se trouvent dans une impasse, c'est généralement parce qu'ils ont refusé de regarder leurs problèmes en face. Cette négligence aboutit d'abord à l'indifférence, suivie d'une longue période de brouille puis d'une séparation. Le mari va de son côté, la femme du sien. L'hostilité, le ressentiment ou l'indifférence se développent sans encombre et, plus ils prennent place dans la vie du couple, plus ils sont difficiles à éliminer.

Cependant, pour certains couples, la perspective de refaire connaissance l'un avec l'autre après des années d'impasse est palpitante. «La relation s'est parfois éteinte non pas parce que les deux partenaires ont des tempéraments incompatibles, mais parce qu'ils ont suivi chacun leur voie, affirme le Dr Kiev. La situation typique est la suivante: l'homme s'est occupé de sa carrière pendant que la femme prenait soin des enfants. Mais l'étincelle de départ est encore là et n'attend qu'un peu de bonne volonté pour mettre le feu aux braises. Refaire connaissance peut être véritablement palpitant pour ces couples. C'est parfois une seconde lune de miel.»

Pour d'autres, cependant, la régénération de la relation n'est pas aussi simple. Tout dépend de ce qui existe encore entre eux, de la confiance mutuelle qui n'a pas été détruite. «Un couple qui veut renouer la communication après un long silence, qu'il s'agisse de quelques jours ou de quelques années, doit rechercher les liens qui n'ont pas encore été brisés, affirme Cese MacDonald. C'est là qu'il faut commencer la «restauration» de la relation.»

S'ils n'ont plus rien en commun, les partenaires ont à subir une très forte tension. «Lorsque le couple n'a plus d'intérêts communs, nous a expliqué le Dr Robert Garfield, le mariage devient une situation presque intolérable.» De nombreux experts suggèrent aux couples de tenter l'expérience d'une séparation partielle. La plupart des couples, même ceux qui ont un grave problème affectif, envisagent la séparation comme une mesure trop radicale. C'est pourquoi ils tentent d'abord la séparation partielle.

Ces couples s'efforcent d'entreprendre séparément certaines activités. Il peut s'agir de courtes vacances, de soirées consacrées à des amis différents, etc. Si l'un des deux ne travaille pas, la séparation est l'occasion rêvée de chercher un emploi, à temps plein ou à temps partiel, rémunéré ou bénévole, qui peut apporter un soutien moral fort appréciable. Développer sa personnalité à l'extérieur de la maison ou du milieu de travail peut contribuer à accroître le degré d'autosuffisance des partenaires tout en donnant à l'homme un sentiment d'indépendance. Il craindra moins la dépendance s'il se sent plus autonome.

Ce type de séparation peut aussi fournir au couple le recul nécessaire pour objectiver ses problèmes et délaisser ses mécanismes de défense. La séparation partielle permet en outre de recréer un climat d'amitié fondée sur la confiance et l'acceptation de la dépendance qui sont nécessaires au partage de l'intimité affective.

Selon le Dr Kiev, le couple doit «avoir deux vies séparées, mais parallèles. Chaque partenaire doit suivre sa propre voie». Les couples confondent souvent le temps qu'ils passent ensemble avec la véritable intimité. De nombreux couples, nous a raconté le Dr Kiev, commettent l'erreur de fusionner leurs vies, de tout faire ensemble. Si la femme dîne avant le retour de son mari, celui-ci fait une crise de colère lorsqu'il arrive. Elle attend donc toujours le retour de son mari pour manger. Même si elle n'a pas faim, elle s'assoit à table avec lui. Ils ne prennent jamais de vacances chacun de leur côté. «Ils ne font rien séparément, déclare Kiev. S'il veut aller à la pêche, elle lui lance un regard foudroyant afin qu'il ne se sente pas libre de la quitter.»

Chez d'autres couples, le problème est exactement inverse. Ce n'est pas la femme qui refuse à l'homme le droit d'être indépendant, mais c'est l'homme qui exige de la femme une dépendance totale. «L'homme a un comportement trop dominateur. Il n'admet pas que la femme soit une personne dans tous les sens du terme. Il ne reconnaît pas la validité du point de vue de l'épouse. Quant à elle, elle joue le rôle de Cendrillon, un rôle masochiste et complémentaire. Pour que la relation s'assainisse, il faut que la femme devienne un peu plus indépendante et que son compagnon l'appuie dans cette démarche.»

Ces problèmes ne prennent pas toujours des années à se développer. Que l'impasse survienne après deux mois ou après vingt-cinq ans de manque de communication, les besoins affectifs sont les mêmes: le besoin d'indépendance, de se confier, d'aide, de compréhension ou de respect. Plus nous aiderons l'autre, plus l'autre nous aidera.

Le meilleur de tous les mondes

Voici en résumé ce que les spécialistes conseillent: devenir de vrais amis. Il ne doit pas s'agir d'une camaraderie superficielle, mais bien d'une amitié profonde, génératrice de soutien moral et dépourvue d'exigences.

L'amitié n'entraîne pas l'exclusion de la sexualité. C'est, bien sûr, la solution du problème, mais elle ne doit pas remplacer la sexualité. En fait, une amitié profonde est essentielle pour préserver votre vie sexuelle. Si vous attribuez à l'amitié la *première* place dans votre couple, tous les autres aspects de la relation, la sexualité comprise, trouveront spontanément la place qui leur revient. «Lorsque le premier engouement sexuel s'est estompé, déclare le Dr Avodah K. Offit, l'affection détermine souvent la durabilité de l'attirance sexuelle.»

Lorsque l'intimité sexuelle et l'intimité affective se complètent vraiment, la relation est une relation d'amitié. Mais il s'agit d'une amitié plus expansive et plus profonde: on l'appelle alors amour.

Faire sortir l'homme de sa prison

Les notions fondamentales

À l'intérieur de tout homme «fermé» sommeille un homme «ouvert» et affectueux qui n'attend que sa «libération». Cet homme intérieur est malheureusement incapable de s'évader seul, il a besoin que quelqu'un d'autre fasse le premier pas: tendre la main, déverrouiller la porte des stéréotypes masculins et éloigner la crainte de la dépendance qui le tient enfermé. Certaines femmes y réussissent mieux que d'autres. Elles possèdent une capacité d'affection et de compassion, en bref un sens de l'amitié qui facilite le processus de déverrouillage. Janice est l'une de ces femmes merveilleuses.

Janice est journaliste et rédactrice en chef d'un magazine. Elle possède l'ossature et l'allure dégagée de Catherine Hepburn. Qu'elle soit dans son bureau de San Francisco ou dans l'appartement qu'elle partage avec Craig à Berkeley, Jan est une leçon vivante de l'art de la communication. À la fois curieuse et attentive, elle rend toute conversation facile et inévitable. Ses questions judicieuses et son attitude compréhensive stimulent tous ses interlocuteurs.

La compagnie de Jan et de Craig est à la fois un plaisir et un privilège. Ils reflètent la bonne humeur, la chaleur humaine et la compassion. Jan est la plus ouverte et la plus animée des deux, toujours prête à exprimer ses sentiments, même s'il s'agit de jalousie, de haine ou de colère, et toujours sensible aux sentiments des autres. Bien sûr, il lui arrive de se rendre seule à un dîner, inquiète de savoir Craig encore au travail. Elle se plaint alors qu'il n'est pas assez communicatif. Mais, dès qu'il fait son entrée, tous deux ne forment plus qu'un seul être, vivant et sensible. Pourtant, il n'en a pas toujours été de même entre eux.

Lorsqu'ils se sont rencontrés, Craig était dessinateur au service artistique du magazine qui employait Janice. Grand et mince, mais ayant encore l'allure d'un gamin aux beaux yeux bruns, Craig s'épanouissait pleinement dans le monde des arts visuels. «Il était marié à ce moment-là, se souvient Janice, mais je le trouvais très séduisant et je le lui disais.» Sept ans plus tard, longtemps après que Craig eut quitté le magazine, ils se sont rencontrés par hasard dans la rue.

Ils n'ont bavardé que quelques instants car Jan avait un rendez-vous. «Téléphone-moi un de ces jours», lui a-t-elle demandé. «J'ai eu l'impression qu'elle était sincère, se souvient Craig, aussi lui ai-je téléphoné.» Plus tard, Jan nous a confié: «Craig me demandait souvent de lui dire: «Téléphone-moi un de ces jours», sur le ton que j'avais employé ce jour-là.»

Leur relation, au début, a été très intense. Intarissable, Janice se rendait à peine compte qu'elle était la seule à parler. «J'avais tellement hâte de faire l'amour», dit-elle. Peu après, elle a emménagé dans l'appartement de Craig. Mais une fois disparue l'excitation des premiers jours, la communication est devenue un sérieux problème. «Il a cessé de m'écouter, nous a dit Janice. Il n'était guère intéressé et ça m'a bouleversée.»

Lorsqu'ils s'asseyaient devant la table d'ardoise noire de leur salle à manger carrelée de blanc, Jan entamait la conversation tandis que Craig regardait par la fenêtre les voiliers qui croisaient dans la baie. «Le moment du dîner était particulièrement lugubre, se souvient Jan. J'essayais de lui parler de quelque chose, mais il était ailleurs.»

Un soir, Jan a demandé à Craig pourquoi il se refusait à parler. Il a répondu: «Que veux-tu entendre? Du bruit? C'est ça que tu veux entendre pendant le dîner?» Jan a explosé: «Je te déteste! Je m'en vais!» Elle n'est pas partie, mais cet incident s'est révélé le premier d'une longue série de querelles. «J'ai fini par préférer le silence», dit Janice.

À cette époque-là, Jan avait exploité tous les talents qu'elle pouvait posséder en matière de communication. Peu à peu, elle a découvert d'où venait le silence de Craig. «Dans ma famille, il était impossible de dire quelque chose sans encourir de reproches, nous a expliqué Craig. Ce n'était pas le fait de parler qui était critiqué, mais ce que nous disions. Mon père était très critique, non seulement à propos de ce que nous disions mais aussi à propos de tout ce que nous faisions. Il nous traitait, mon frère et moi, comme si nous étions incapables de faire quelque chose correctement.» Jan ajoute: «Dans un sens, Craig avait retrouvé ce type de comportement, il était lointain et réservé.»

La première percée a résulté d'un autre type de problème. En dépit de leur puissante attirance mutuelle, Jan et Craig avaient des difficultés à s'épanouir sexuellement. «Je n'avais pas l'habitude de dire à un homme ce que j'aimais, explique Jan. Je m'attendais à ce qu'il le comprenne de lui-même. Les relations sexuelles n'étaient pas aussi satisfaisantes qu'elles l'étaient habituellement pour moi, mais je croyais que c'était parce que Craig manquait d'expérience. Je le lui ai dit.»

Un soir, Craig est rentré à la maison muni d'un livre intitulé *Frigid Women**. Sa psychothérapeute le lui avait prêté à l'intention de Jan. «Ce livre a marqué un tournant pour moi, se souvient Jan. Je savais bien que je n'étais pas frigide. Le livre portait sur les femmes qui n'ont *jamais* eu d'orgasme. J'ai alors compris que je ne parvenais pas à faire passer mon message. Seulement, ça me paraissait bizarre d'expliquer à Craig ce qu'il pouvait faire; j'estimais qu'il aurait dû le savoir.»

Le besoin d'une meilleure communication sur le plan sexuel et d'un changement d'attitude de la part de Jan les a rapprochés, mais ils sont demeurés prisonniers du problème d'«attraction-répulsion». Jan se souvient: «Nous parvenions à être très proches, mais jusqu'à un certain stade. À ce moment-là, Craig commençait

---

* «Femmes frigides». (*N. D. T.*)

à se sentir mal à l'aise et à s'éloigner. Je me mettais alors en colère et je le menaçais de le quitter.»

Craig nous a dit: «Lorsqu'elle me menaçait de partir, je me sentais complètement rejeté. Je ne comprenais pas qu'elle puisse m'aimer tout en me reprochant mon comportement.» Les menaces de Janice ont cependant incité Craig à comprendre qu'il l'aimait et qu'il désirait lui ressembler davantage. «J'avais l'impression qu'il manquait quelque chose dans ma vie», se souvient-il. «À certains moments, notre situation devenait extrêmement tendue et je m'apercevais bien que si je ne changeais pas de comportement, je finirais pas perdre Janice.»

Craig suivait une psychothérapie depuis la rupture de son premier mariage et Jan a finalement proposé d'aller consulter ensemble un spécialiste. «Si nous ne l'avions pas fait, dit-elle aujourd'hui, je ne sais pas si nous nous serions mariés.» Le couple a consulté une conseillère matrimoniale. À la grande surprise de Jan, Craig a d'abord refusé de répondre aux questions de la psychologue. «J'ai été soulagée de voir quelqu'un d'autre que moi aux prises avec ce problème. Bien sûr, la thérapeute ne s'est pas mise en colère. J'ai ainsi pu me rendre compte que les silences de Craig n'étaient pas dirigés contre moi. Ils étaient le résultat de quelque chose qu'il ressentait à propos de lui-même.»

La thérapie a aidé Craig et Jan à modifier leur comportement. «J'ai appris à ne plus m'emporter», affirme Jan. Peu à peu, Craig a appris à s'extérioriser davantage, à donner de l'affection. «J'ai appris à parler de moi-même, de ce qui m'arrive et de ce que je ressens. J'ai aussi appris à écouter. Parfois, cela me demande encore un effort, par exemple lorsque mon travail m'absorbe et que je pense à un tas d'autres choses. Je sais que cela devrait être aussi facile que boire un verre d'eau, mais lorsque je suis préoccupé, j'ai du mal à écouter attentivement alors que Jan est toujours prête à m'écouter, ce qui me semble incroyable.» Il y a un an, convaincus qu'ils étaient capables de parvenir à l'intimité souhaitée, Jan et Craig ont décidé de se marier.

«L'une des choses qui me procurent le plus de satisfaction aujourd'hui, raconte Jan, c'est lorsque je m'aperçois que depuis plusieurs semaines je n'ai pas demandé à Craig: «À quoi penses-tu?» Et j'aime que Craig me demande de lui confier mon problème lorsqu'il se rend compte que j'ai le sourcil froncé et l'air perplexe. Chacun son tour, après tout.»

Lorsque nous avons demandé à Jan et à Craig ce qui leur avait permis de briser l'obstacle qui les empêchait de communiquer, Jan nous a fourni une réponse semblable à celle des experts: «J'ai compris que la seule solution consistait à me montrer indépendante, non exigeante et *amicale*. Je pouvais donner parce que j'avais été éduquée de cette manière, mais il m'était difficile de ne pas être exigeante. J'avais l'impression de donner sans rien recevoir en retour. Ce qui m'a beaucoup aidée a été de savoir que Craig ne se taisait pas parce qu'il désirait me cacher des choses, mais simplement à cause de ses propres besoins. Le fait de comprendre que son silence n'était pas une attitude de rejet m'a aidée à être moins exigeante.»

Craig raconte: «La personne fermée doit désirer s'extérioriser. Si c'est la partenaire qui l'exige, l'homme a l'impression qu'il doit le faire pour *elle*, ce qui déclenche une certaine hostilité. Il doit en fait avoir l'impression qu'il le fait pour lui-même; ses tentatives d'extériorisation ne lui apparaîtront alors plus comme un travail ou comme une punition.

«Lorsque Jan se fâchait contre moi, je me sentais d'abord coupable. Puis, je me rendais compte de l'importance qu'elle avait à mes yeux et je faisais des efforts pour nous réconcilier. À ce stade-là, elle était suffisamment distante pour me permettre de me rapprocher sans risque. Mais ses colères et ses menaces de me quitter n'étaient pas bénéfiques. Si vous voulez que quelqu'un s'extériorise, il faut qu'il ait confiance en vous. Mais si vous le menacez constamment de le quitter, cette confiance est malheureusement réduite au minimum. Les menaces de Jan signifiaient en réalité: «Regarde le mal que tu te fais.»

Prendre du recul

Pour aider un homme «fermé», il faut d'abord comprendre pourquoi il est ainsi. Jan a compris pourquoi Craig était «fermé» le jour où elle a fait la connaissance de son beau-père. Elle a vu comment ses critiques continuelles avaient incité Craig à se retirer dans sa coquille. «Il est important de comprendre pourquoi les sentiments sont trop embarrassants pour qu'on ose les exprimer, explique le Dr Josef H. Weissberg, et pourquoi on les considère embarrassants. Il faut découvrir d'où vient cet embarras et le traiter le plus rapidement possible.»

Voilà qui est plus facile à dire qu'à faire car les hommes sont particulièrement doués pour dissimuler leurs problèmes. Le Dr Alan J. Wabreck, directeur du service de sexologie de l'hôpital d'Hartford (Connecticut), souligne l'importance d'une attitude compréhensive: «L'un des principaux ingrédients d'un mariage réussi est la compréhension du point de vue de votre partenaire. Chacun voit le monde d'un oeil différent. Lorsque des partenaires interprètent différemment certaines questions fondamentales, ils risquent de se cantonner dans leur point de vue à moins qu'ils ne fassent un effort pour comprendre le point de vue de l'autre.»

Si la femme s'efforce de considérer l'insécurité d'un homme sous l'angle de son compagnon, elle comprendra davantage les difficultés auxquelles il a à faire face pour résoudre son problème. Selon le Dr Janet Wolfe, l'homme qui refuse de s'extérioriser en est généralement empêché par l'anxiété ou la colère. «S'il s'agit d'anxiété, dit-elle, il pense sans doute qu'en se révélant à sa compagne il perdra son identité. S'il s'agit de colère, il pense peut-être: «Elle me demande constamment d'exprimer mes sentiments. C'est cruel de sa part. Elle est cruelle d'exiger cela de moi!»

Les hommes ne peuvent pas expliquer rationnellement leur refus de s'extérioriser. Il faut donc, dans un premier temps, leur demander de fournir leurs explications irrationnelles et, dans un deuxième temps, les obliger à les défendre. Perdra-t-il réellement son identité s'il apprend à partager ses sentiments? Sera-t-il un être diminué? La femme qui lui demande de s'ouvrir est-elle réellement cruelle? Comprendre sa réaction lorsque sa compagne lui demande de s'extérioriser davantage peut éliminer certaines tensions.

Cependant, la femme doit aussi comprendre ses propres besoins. L'homme et la femme apportent avec eux des espoirs qui sont moins en rapport avec leur relation qu'avec leurs enfances respectives. Jan s'est finalement aperçue que les silences de Craig lui rappelaient ceux de son père qui, lorsqu'il était déprimé, refusait d'adresser la parole aux membres de sa famille pendant une semaine. L'intensité démesurée de la colère de Jan était issue des douloureuses expériences vécues durant son enfance.

Le Dr Alexander B. Taylor nous a confié ce qui suit: «Pendant l'enfance, nous nouons des relations importantes qui ne sont pas toujours rompues de manière satisfaisante. C'est pourquoi plus tard, nous nous attendons à voir notre conjoint se comporter comme un personnage de notre passé. Nous pensons: «Tiens! Il réagit face à mon comportement exactement comme mon père réagissait.»

Par conséquent, avant de comprendre l'homme qu'elle aime, la femme doit se comprendre elle-même. Elle doit libérer l'homme de *son passé à elle*, cesser d'utiliser la relation de couple pour résoudre les problèmes issus de sa vie passée. «La femme doit considérer son partenaire comme une personne distincte, dotée d'une identité qui lui est propre, conclut Taylor. Elle doit donc d'abord bien se connaître *elle-même*.»

Donner l'exemple

L'une des démarches les plus importantes que la femme peut entreprendre pour aider l'homme à s'extérioriser consiste à donner l'exemple. «Les femmes doivent mettre en pratique la leçon qu'elles désirent apprendre aux hommes, affirme un psychologue. En s'extériorisant et en se montrant vulnérables, elles prennent, elles aussi, le risque d'être rejetées.» Très tôt dans leur relation, Jan a été obligée de se montrer ouverte envers Craig au sujet de leurs relations sexuelles. En se confiant à lui, elle a pu accroître leur proximité affective. Une femme qui se sent à l'aise avec ses propres sentiments et qui les exprime facilement est la preuve vivante de l'extériorisation.

Le Dr Albert Ellis, éminent psychologue behavioriste, se souvient d'avoir été «libéré» par une femme qui savait exprimer ses sentiments. «J'ai fréquenté une femme qui était absolument géniale en amour, nous a-t-il raconté, dans son cabinet de Manhattan. Lorsqu'elle voulait qu'un homme fasse quelque chose — qu'il s'exprime, qu'il lui envoie un cadeau ou des fleurs, qu'il

écrive un poème, etc. —, elle donnait l'exemple. Elle ne demandait pas à son partenaire de faire quoi que soit. Elle le faisait à sa
place avec un enthousiasme incroyable. Je suis persuadé que, grâce à son enthousiasme exceptionnel, elle a «dressé» un très grand
nombre d'hommes. Elle donnait l'exemple.»

Le conseiller matrimonial Loy McGinnis préconise la même
attitude: «La meilleure démarche consiste à être aussi
transparente que possible. Ainsi, votre partenaire réagira en s'extériorisant, comme il rêve sans doute de le faire depuis des
années.»

La franchise appelle la franchise. Soyez honnête avec votre
compagnon si vous désirez qu'il le soit avec vous. Mais attention!
Être franche ne signifie pas dire la première chose qui vous passe
par la tête. Il est très important, même dans un couple très uni, de
trouver un équilibre entre la franchise et la considération. «Bien
que l'honnêteté soit un idéal à atteindre, explique le Dr Laura
Singer, être *toujours* honnête équivaut en réalité à extérioriser
aussi son agressivité et son hostilité. Chaque partenaire doit absolument mesurer l'impact de ses paroles sur l'autre.»

Réfléchissez donc à ce que vous allez dire et évitez de dire
tout ce qui vous passe par la tête au risque de blesser votre compagnon. Elaine Killian, conseillère matrimoniale et familiale à
Long Beach (Californie), nous a expliqué ceci: «Plusieurs d'entre
nous sont passés du stade de la réserve et de la timidité exagérées
au stade du «déballage» de tous les sentiments négatifs. Obliger
quelqu'un à écouter nos «Je pense que… Je crois que…» est non
seulement inutile mais aussi égoïste. Pour communiquer efficacement, chacun doit comprendre exactement *pourquoi* il est
troublé.»

À chacun ses propres sentiments

Certaines femmes contribuent à la réserve affective de leur
compagnon en assumant la totalité de la vie affective du couple.
«Lorsque l'homme a cessé d'exprimer ses sentiments, estime le
thérapeute Cese MacDonald, certaines femmes ont tendance à

compenser en les exprimant à leur place. Elle donne deux fois plus. Ce «cadeau» peut être écrasant, voire effrayant. Je ne veux pas dire que la femme devrait refouler ses sentiments, mais plutôt qu'elle prenne garde de ne pas assumer ceux de son compagnon.»

Les hommes sont souvent complices de ce transfert de responsabilité affective. Afin de prendre ses distances, le mari rejette entièrement ses sentiments. En s'en remettant à sa femme pour toutes réactions affectives, il reconnaît être lui-même dépourvu de ces réactions. Beaucoup de femmes interprètent ce «don» comme un signe d'intimité affective, aussi faible soit-il, et assument avec enthousiasme le rôle de porte-parole affectif du couple, en public, pendant des discussions familiales ou lors de réunions avec des amis.

Un moyen de prévenir cette situation fausse est d'apprendre à la femme à tempérer ses sentiments de manière à ne pas effrayer l'homme. En refusant d'être automatiquement responsable du comportement affectif, la femme envoie un signal rassurant: «C'est à ton tour d'exprimer tes sentiments», à la place du message plus menaçant: «J'exige que tu montres tes sentiments.»

«Beaucoup de femmes sont éduquées de manière à penser qu'elles sont responsables des sentiments des hommes, affirme le Dr Robert Garfield. Chacun est prisonnier de son propre rôle. Les femmes ont souvent l'impression que leur devoir est de nourrir les hommes et d'en prendre soin car ils sont incapables de le faire eux-mêmes. Il n'est donc pas surprenant que nous ayons conçu le stéréotype de «l'homme stoïque» qui, dans les moments de crise, se tourne vers sa femme et s'attend à la voir éclater en sanglots ou, tout au moins, paraître bouleversée.

«Lorsque que je soigne des couples, j'essaie réellement d'apprendre à l'homme à devenir responsable de ses propres sentiments. Je répète à la femme: «Vous n'avez pas à être responsable de lui. Il est capable d'exprimer sans votre aide toute la gamme de ses émotions.» Je vous assure que bien des femmes sont enchantées de l'apprendre.

«Si vous demandez aux hommes de prendre leurs responsabilités, poursuit le Dr Garfield, vous découvrirez qu'ils en sont capables. Et pas seulement capables! Ils sont vraiment soulagés et heureux de le faire.» Après avoir mis les conseils du Dr Garfield en pratique, ses patientes reviennent parfois le voir afin de lui dire: «Je n'aurais jamais cru qu'il se montrerait si intéressé» ou «Il parle plus qu'il ne m'a parlé pendant nos vingt premières années de mariage.» «C'est en partie parce que la femme tenait pour acquis que l'homme était *incapable* de parler qu'elle parlait pour lui. Il tenait pour acquis qu'il n'était *pas obligé* de parler; il ne prenait donc pas la peine d'essayer.»

L'importance du gant de velours

Un homme dont la crainte de l'intimité provient d'anxiétés profondément enracinées ne peut être forcé à s'extérioriser. Tout effort dans ce sens n'aboutira qu'au déclenchement d'une réaction défensive. Il se sentira encore moins sûr de lui et moins capable de satisfaire les besoins affectifs de sa compagne.

Le Dr Hal Arkowitz, professeur de psychologie à l'Université d'Arizona, nous a expliqué «qu'il faut surtout éviter que les efforts de la femme ne se transforment en une lutte pour la domination du couple. Souvent, plus la femme fait des efforts, moins l'homme est décidé à les voir aboutir. Il veut pouvoir donner ce qu'il veut, quand il le veut et comme il le veut, c'est-à-dire, ne rien donner du tout».

La femme doit de nouveau éviter de se montrer exigeante. La solution, selon le Dr Arkowitz, consiste à laisser connaître vos doléances sans exiger qu'il réagisse. «La femme ne doit pas le forcer à s'extérioriser mais simplement lui demander de s'extérioriser. La différence entre les deux attitudes n'est pas grande, mais elle est cruciale.» La femme doit convaincre son compagnon que s'il s'extériorise, il sera toujours désirable, qu'il peut être à la fois vulnérable et attirant, dépendant et viril. «Il faut lui faire savoir, nous a dit une femme, que nos sentiments ne changent pas même s'il n'est pas toujours vainqueur. Il faut lui faire savoir, il faut absolument le convaincre qu'il est encore plus attirant lorsqu'il est vulnérable.»

Plusieurs femmes commettent l'erreur de vouloir briser la

résistance d'un homme en essayant de le convaincre qu'il *serait bon* pour lui de montrer ses sentiments. Cela ne suffit pas. Il faut le convaincre qu'il en deviendrait *beaucoup plus attirant*.

La vie d'un homme peut changer de façon radicale s'il comprend qu'il est aimé parce qu'il est capable d'exprimer ses émotions. Prenons par exemple l'histoire d'un homme que nous connaissons, Stan. Comme beaucoup d'hommes, Stan pensait que son amie, Joan, l'aimait parce qu'il était un «vrai homme», qu'il faisait bien l'amour, qu'il avait un bon emploi lucratif et parce qu'elle avait besoin de lui. Il est difficile d'être constamment à la hauteur du personnage que l'on s'imagine représenter aux yeux de l'être aimé. Stan éprouvait de plus en plus de difficulté à porter ce fardeau. Sa relation avec Joan en a subi le contrecoup.

Un jour, Joan lui a demandé d'avoir une discussion franche avec elle. Elle lui a fait part de toutes ses doléances: «J'ai beaucoup appris, ce jour-là, dit Stan. J'ai découvert que Joan savait, et qu'elle avait toujours su, que les hommes n'étaient pas des dieux, que les autres hommes étaient plus virils que moi, qu'il y avait de bien meilleurs amants que moi. Je ne suis rien. Elle n'a pas besoin de moi. Mais elle m'aime.

«Trois choses me hantaient: ma propre vulnérabilité, la crainte que Joan ne la découvre et la crainte qu'elle ne m'abandonne ensuite. Ce jour-là, toutes ces craintes sauf une se sont réalisées. La terre ne s'est pas arrêtée de tourner. Je ne suis pas tombé dans un trou noir. En fait, je me suis senti libéré au point que nous avons pris la décision de vivre ensemble.»

La confiance

De tous les éléments qui contribuent à rendre une relation ouverte et intime, le plus crucial est la confiance. Lorsqu'un homme ne fait pas confiance à une femme, il est peu probable qu'elle réussisse à le faire s'extérioriser. «Pour moi, la confiance est la clef de l'intimité, affirme le Dr Lewis Long. Lorsque la relation est saine, l'un des partenaires peut dire à l'autre «il m'arrive de te détester» ou «je te quitte pour trois jours», en sachant très bien que tout va s'arranger.»

Vous devez avoir confiance en votre relation et confiance en votre partenaire. Ce n'est pas facile car il est presque impossible que la confiance soit totale, mais nulle relation ne peut exister sans elle.

Comment parler à un homme

**Techniques visant
à améliorer la communication**

Pour parvenir à l'intimité affective, l'homme et la femme doivent découvrir un langage commun qui leur permette à la fois d'exprimer leurs émotions et de résoudre leurs problèmes. La femme dispose de trois méthodes pour développer ce langage commun. Elle peut tout d'abord apprendre à l'homme, en donnant l'exemple et en l'encourageant, le vocabulaire du langage des sentiments. Elle peut ensuite apprendre à être plus attentive lorsque son compagnon exprime de façon indirecte ses sentiments. Enfin, elle peut accepter et comprendre la valeur de la communication non verbale, au même titre que les formes verbales de communication.

Apprendre à l'homme
le langage des sentiments

Un vocabulaire intime ne peut se créer qu'avec la contribution des deux partenaires. «Il existe un code d'expression masculin et un code d'expression féminin, affirme un psychiatre, et vous devez apprendre à traduire vos sentiments et vos idées dans le langage de votre partenaire. Dans un monde idéal, ce serait différent mais dans le monde d'aujourd'hui, il est peu probable que l'homme prenne lui-même la peine d'apprendre le code féminin. C'est la femme qui devra aller vers lui. Si elle désire que leur dialogue affectif soit total, elle devra faire l'effort d'apprendre à l'homme son langage.»

Trouvez un terrain d'entente

Beaucoup de femmes ont des idées préconçues sur l'intimité. Elles croient que l'intimité affective est seulement composée de sentiments partagés. Elles confondent «intimité» et «langage amoureux». Par conséquent, elles s'efforcent de résoudre les problèmes affectifs du couple en parlant des sentiments que les deux partenaires éprouvent l'un pour l'autre, en les disséquant et en les critiquant. Ce type de discussions étant relativement fréquent au début de la relation, beaucoup de femmes croient qu'elles constituent la preuve suprême d'engagement affectif.

Mais cette phase initiale et autonome d'une relation ne dure pas. Seul l'amour non partagé se nourrit indéfiniment de lui-même, mais il devient une obsession qui n'a rien à voir avec l'intimité. Une fois cette phase terminée, la relation doit être soutenue par des expériences partagées. La femme qui souhaite échanger avec son compagnon doit s'assurer qu'ils vivent suffisamment d'expériences pour alimenter leur conversation. «Ce qui rapproche les hommes des autres hommes... ou des femmes... est le partage des expériences vécues, écrit William Novak dans *The Great American Man Shortage*. L'intimité partagée ne suffit généralement pas. Les femmes, en revanche, préfèrent partager leurs sentiments dès le départ, avant de partager leurs expériences.

«Par exemple, lorsque deux amies vont dîner ensemble, elles commencent leur conversation en se racontant ce qu'elles ressentent. Lorsque deux hommes se rencontrent pour dîner, ils ont plutôt tendance à parler de leur travail. C'est seulement beaucoup plus tard qu'ils parlent de ce qu'ils ressentent, si tant est qu'ils en parlent. Pour les femmes, la question clef est: «Comment vas-tu?» Pour les hommes, ce serait plutôt: «Que fais-tu ces jours-ci? Qu'y a-t-il de neuf dans ta vie?»

En d'autres termes, les hommes ont souvent plus de facilité à fonder une relation sur des intérêts extérieurs à la relation même. Un homme peu communicatif a tendance à camoufler ses sentiments au cours d'une conversation impersonnelle. L'échange émotif qui se produit au sein d'un groupe d'hommes occupés à regarder un match de football n'est que l'exemple le plus évident de leur désir et de leur capacité d'établir une intimité affective à partir d'un intérêt commun.

La femme peut tirer parti de cette bonne volonté en incitant son conjoint à parler de lui-même. Au lieu de parler de football, ils peuvent discuter d'un film, d'un livre, de l'actualité ou du dernier complot de J.R. dans *Dallas*. À partir de ce type de dialogue rassurant et anodin, la femme peut établir progressivement des relations plus profondes avec son partenaire. En outre, l'homme apprend une partie du vocabulaire de l'intimité tout en acquérant l'habitude d'explorer ses propres sentiments.

Apprenez-lui à s'exprimer

Lorsque deux personnes commencent à parler de leurs sentiments mutuels ou, plus précisément, de leurs problèmes affectifs, elles doivent apprendre à s'exprimer clairement. En règle générale, les femmes maîtrisent mieux cet art que les hommes. Non seulement comprennent-elles mieux leurs sentiments mais encore sont-elles plus habiles à les exprimer. Par conséquent, il est probable que c'est la femme qui apprendra à l'homme à s'exprimer.

De nombreux thérapeutes recommandent aux femmes d'encourager leur compagnon à faire l'exercice du «je» conçu par les sexologues Masters et Johnson. Dans une conversation, chaque personne commence simplement ses phrases par «je»: «Je veux que... Je pense que.. Je crois que...» Ce mécanisme, plus naturel chez les femmes que chez les hommes, les force à rester en contact avec leurs sentiments. «Communiquer, affirme le Dr Alexander Levay, consiste à cesser de blâmer son partenaire et à s'efforcer de comprendre le message qu'il nous envoie.»

Selon d'autres experts, pour rendre cet exercice pleinement profitable, le couple doit décider préalablement de ne jamais exprimer son accord ou son désaccord sur les opinions de l'autre; le seul but de la conversation doit être d'améliorer la compréhension. «Un couple qui veut communiquer, explique le Dr Alexander B. Taylor, doit savoir parler sans rechercher la vérité ni le consensus suprême.»

Les hommes doivent apprendre à distinguer ce qu'ils pensent de ce qu'ils ressentent. Une fois capables d'effectuer cette distinction (qui est plus familière aux femmes), ils peuvent comprendre leurs motivations. Ils peuvent se demander pourquoi ils réagissent de telle ou telle manière, quel événement de leur passé les empêche d'exprimer leur affection, pourquoi ils s'efforcent de détourner la conversation lorsqu'il est question de leurs sentiments. «Le plus important, affirme un psychologue, est de convaincre l'homme d'entrer en communication avec lui-même. Une fois cette étape franchie, il commencera à communiquer avec les autres.»

Soyez précise

«La plupart des hommes ont un esprit très structuré et agissent uniquement pour obtenir un résultat, affirme le Dr Taylor. Ils aiment avoir des problèmes à résoudre.» La femme peut tirer parti de ce trait typiquement masculin en posant des questions directes et en présentant des problèmes précis qui requièrent des solutions précises.

Jim, banquier à Boston, estime en effet que la meilleure méthode pour capter l'attention d'un homme consiste à lui donner un problème bien précis à résoudre, plutôt qu'à lui présenter une question d'ordre général à analyser. «La plupart des hommes ne considèrent pas que leur tempérament fermé est un problème; c'est pourquoi ils ne voient pas la nécessité d'en discuter. Pour eux, un problème se définit par quelque chose qu'il faut résoudre. Donc, selon cette définition, être «fermé» ne constitue pas un problème. Il est bien plus facile de résoudre les problèmes A, B et C que notre épouse nous soumet.»

«Ne parlez pas uniquement de ce qui ne va pas ou de ce que vous n'aimez pas, conseille le Dr Marcha R. Ortiz, chef de service du Family Therapy Institute de Washington. Parlez plutôt de ce que vous aimeriez faire. Les conversations qui portent sur les problèmes sont stagnantes. Le dialogue demeure négatif au point qu'il ne peut se régénérer.»

Au lieu de suggérer une longue conversation à propos de «nos problèmes» en espérant voir percer une certaine intimité, la femme devrait plutôt poser une question directe sur un sujet précis. «Quels sont les moments passés avec ton père dont tu te souviens avec le plus de plaisir?» ou «Quel genre d'amis avais-tu lorsque tu étais enfant?» ou encore «Qu'as-tu ressenti lorsque tu as fait l'amour pour la première fois?»

Contrairement aux femmes, qui abordent régulièrement des sujets de conversation très personnels, les hommes n'ont pas l'habitude de répondre aux questions intimes. Ils ne sont pas non plus très doués pour les circonlocutions. Ils ont l'habitude des questions simples et directes sur des sujets impersonnels, questions auxquelles ils répondent tout aussi simplement et directement. Une question directe à propos d'un sujet personnel recevra peut-être, si vous êtes chanceuse, une réponse directe.

Échangez des secrets

Le témoignage d'intimité qu'un homme acceptera le plus facilement d'offrir sera sans doute un secret. Étant donné que les hommes parlent rarement de sujets personnels et qu'ils sont rarement interrogés à ce propos, leur vie intérieure est une véritable île au trésor remplie de secrets intimes, qu'ils rêvent de pouvoir confier.

«Je suis fascinée par les secrets, nous a dit une conseillère matrimoniale du Connecticut. Je crois que les secrets contribuent largement à empêcher les gens de s'extérioriser. Et nous en avons tous. Par exemple, les féministes — et j'en suis une — répugnent à laisser quiconque savoir qu'à certains moments elles ont envie de se blottir dans les bras d'un homme. Un secret de ce genre, bien gardé, finit par peser tellement lourd qu'il empêche notre extériorisation dans d'autres domaines.

«Je crois sincèrement que si vous parvenez à convaincre votre partenaire de vous confier ses secrets les plus intimes, vous aurez franchi une étape importante vers l'extériorisation. A-t-il toujours eu honte du métier de son père? A-t-il toujours été jaloux de l'attention et de l'affection parentales que son frère ou sa soeur recevait? A-t-il fait quelque chose de répréhensible durant son enfance? Quelles que soient ses réponses, persuadez-le de vous les confier. Se soulager d'un tel secret peut changer toute une vie et rebâtir une personnalité.

«En général, pour inciter un homme à vous raconter ses secrets, il faut d'abord que vous lui confiez les vôtres. Pas seulement ceux que vous aimeriez qu'il connaisse, mais aussi ceux que vous préféreriez lui cacher, ceux qui vous embarrassent.» C'est seulement si vous laissez votre partenaire comprendre que vous lui avez confié vos secrets les plus précieux, qu'il vous fera suffisamment confiance pour vous révéler les siens.

L'art d'écouter

L'une des meilleures manières d'inciter un homme à s'extérioriser est de l'écouter. L'écouter vraiment. Beaucoup de gens pensent à la réponse qu'ils vont formuler tandis que leur interlocuteur parle. Ils n'écoutent pas vraiment. «Écouter exige de la concentration et une grande attention, nous a expliqué un psychiatre de Minneapolis. Ecouter est plus important que parler, lorsqu'il s'agit d'une conversation intime, car celui qui écoute doit donner à celui qui parle la confiance nécessaire pour qu'il poursuive ses confidences.»

«Un élément important de la conversation est la mémoire», affirme une journaliste de New York qui a la réputation d'inciter les personnes qu'elle interroge à lui confier des choses qu'elles ne confieraient à personne d'autre. «Mentionnez quelque chose que l'homme a dit il y a longtemps ou plus tôt au cours de la conversation. Les psychologues utilisent constamment cette tactique. Le fait que vous n'ayez pas oublié ce que votre interlocuteur a dit est flatteur et réconfortant.

«Je crois que je persuade les gens de me parler parce que je désire vraiment savoir ce qu'ils ont à dire. Mon intérêt est évident. Je les regarde droit dans les yeux, je n'hésite pas et je leur fais comprendre qu'à ce moment précis, tout au moins, il n'y a rien au monde que je n'aimerais faire davantage que les écouter. C'est quelque chose qui leur arrive très rarement, même s'ils sont célèbres, et ils réagissent en faisant preuve de franchise.»

Si ce genre d'attention n'est que rarement accordé aux gens célèbres, il l'est encore moins au commun des mortels. La conversation d'un homme avec ses camarades de sexe masculin ressemble davantage à un concours de rhétorique qu'à une conversation. Lorsqu'il s'entretient avec une femme, il est criblé d'angoisses masculines. En créant une ambiance chaleureuse, en lui laissant savoir qu'elle désire réellement entendre ce qu'il a à dire, en écoutant véritablement, la femme peut faciliter le processus d'extériorisation.

Soyez prête à tout entendre

L'une des attitudes féminines qui découragent l'extériorisation masculine consiste à indiquer inconsciemment à l'homme qu'il existe certaines choses que la femme se refuse à entendre. Pourtant, aussi maladroits et pénibles qu'ils soient, les premiers efforts d'un homme vers l'intimité affective devraient être encouragés. S'il s'agit d'un homme qui n'a encore jamais révélé ses émotions, il est possible que ses premières tentatives surprennent la femme plus qu'elles ne l'enchantent.

«L'une des réactions les plus fréquentes des femmes, raconte Janet Wolfe, est de sauter à la gorge de leur mari lorsque celui-ci fait ses premières confidences. L'une de mes patientes m'a expliqué que ce qu'elle reprochait à son mari c'était sa «constipation affective et son refus de partager véritablement ses sentiments». Un jour, son mari lui a finalement confié qu'il n'avait presque pas eu d'expériences sexuelles avant de l'épouser et qu'il était souvent excité par la vue d'autres femmes. Cela le tracassait car il ne savait comment se débarrasser de ce fantasme. Il n'avait par ailleurs aucunement l'intention de tromper sa femme. Il avait simplement envie de se confier à elle. Mais elle a réagi par la colère. Elle s'est mise à hurler et à l'insulter. Je lui ai expliqué qu'elle n'avait certes pas récompensé son mari de la confiance qu'il lui avait témoignée en lui révélant son secret. Elle a par la suite appris à réagir avec moins d'agressivité et à mieux écouter son partenaire. Celui-ci s'est donc senti moins terrifié à l'idée de s'extérioriser.»

Le thérapeute Cese MacDonald confirme les conclusions de Janet Wolfe: «La femme doit apprendre à ne pas réagir par la colère lorsqu'elle entend des choses qui ne lui plaisent pas. En général, elle tire un léger profit du silence de son mari et c'est pourquoi ce silence s'est maintenu pendant des années. Mais si elle désire véritablement qu'il s'exprime, elle devra abandonner l'avantage de ne pas tout savoir ce qui se passe dans la tête du conjoint. Bien sûr, il est possible que les révélations ne lui plaisent pas toujours. Mais il faut qu'elle soit prête à tout entendre.»

Certaines femmes découragent les confidences des hommes en manquant de discrétion. Une femme nommée Susan, qui s'est décrite comme «verbalement libertine», nous a raconté que lorsque ses amies venaient la voir, elle leur racontait tout ce que son mari lui avait confié. «Nous avions par exemple une conversation intime le soir et le lendemain matin, dès que Jim était parti, je sautais sur le téléphone pour dévoiler les confidences que Jim ne m'avait faites qu'après plusieurs années de mariage. Il se sent mal à l'aise avec beaucoup de nos amis car ils connaissent sa vie dans les moindres détails.»

Il n'est pas nécessaire de trahir quelqu'un pour abuser de sa confiance. Tous les couples connaissent un jour ou l'autre la tentation de tirer profit des révélations intimes de son partenaire, notamment pendant les moments de colère. «Nous nous sommes disputés il y a quelque temps, nous a confié une femme d'Atlanta. Je n'avais pas envie de faire l'amour mais il insistait. Il était si furieux qu'il a dit quelque chose d'insultant à propos de mon poids. Ça m'a fait mal. J'étais folle de colère et je lui ai rappelé quelque chose qu'il avait fait à sa soeur lorsqu'ils étaient enfants.

Il venait de me le confier et cet aveu lui avait beaucoup coûté. Il s'est senti tellement blessé qu'il ne m'a même pas répondu. Je ne me suis jamais sentie si coupable et je sais bien que nous avons perdu beaucoup de terrain à cause de cela.»

Lisez entre les lignes

Un bon conjoint doit lire entre les lignes et analyser le comportement de son interlocuteur pour en comprendre le sens. «Vous devez apprendre à écouter, recommande la thérapeute Laura Singer à ses patientes. Bien des quiproquos inutiles peuvent être évités si vous vous demandez: «Quel genre de personne est-il? Qu'est-ce qu'il cherche véritablement à me dire?»

Derrière la façade du jargon sportif et des histoires croustillantes, par exemple, les hommes communiquent plus que la plupart des femmes ne le croient. Les conversations concernant les sports traitent davantage de gens et de sentiments que de statistiques. Les hommes qui regardent les matches de football, de base-ball ou de basket-ball, pour n'en citer que trois, ont tendance à «adopter» certaines équipes. Leur moral monte et descend avec celui de l'équipe. Ils s'intéressent plus particulièrement à certains joueurs dont ils suivent de très près la carrière.

Cette attitude est sans doute familière à tous les amateurs de feuilletons à l'eau de rose. Dans le roman d'Anne Tyler, *Dinner at the Homesick Restaurant*, une septuagénaire est victime d'une fixation sur les Orioles de Baltimore. Elle interprète chaque partie comme s'il s'agissait d'un drame, et elle lit, toute excitée, les commérages et les potins sportifs qui décrivent les blessures des joueurs, les rivalités, les mauvaises périodes et les tribulations des débutants, si nerveux qu'ils laissent passer leurs seules chances.

Tout comme beaucoup de gens vivent à distance les mésaventures des familles qui peuplent l'écran de télévision, les hommes prennent plaisir à faire entrer dans leur vie l'excitation du sport. L'homme ressent les mêmes sentiments d'appartenance et de plénitude lorsqu'il regarde le football du lundi soir que sa compagne qui savoure *Dallas* et *Hôpital Général*. Les conversations portant sur les sports prolongent ce sentiment de plaisir intense.

Le faible que beaucoup d'hommes semblent avoir pour les plaisanteries grivoises est plus ou moins ce qu'il paraît être. En réalité, ces plaisanteries n'ont pas grand-chose à voir avec la sexualité. Les récits d'exploits sexuels, les insinuations d'impuissance, les descriptions de l'anatomie féminine et les anecdotes croustillantes ne sont rien de plus que les «piliers» de la conversation. Ils ont pour unique fonction de maintenir le dynamisme de la communication.

Dans la plupart des cas, l'échange d'anecdotes grivoises est comparable à la conversation de deux femmes d'affaires qui entament un repas en se complimentant sur leurs toilettes respectives. Ce qui importe dans le cadre d'une conversation n'est pas ce qui est dit, mais ce que les interlocuteurs ressentent en partageant les joies simples d'une compagnie agréable. C'est aussi un moyen d'entamer la conversation, d'aplanir les difficultés que pose toujours une première rencontre ou d'effectuer une transition vers des sujets plus sérieux. Les plaisanteries grivoises sont pour les hommes ce que la conversation à bâtons rompus est pour les femmes: une forme d'affection.

Le langage du corps

Certains couples communiquent sans recourir aux mots, en faisant fond sur les moyens non verbaux. De nombreuses femmes mémorisent le répertoire des signaux personnels de leur compagnon, signaux verbaux et non verbaux à l'aide desquels elles parviennent à déchiffrer même le message le plus complexe. Une femme nous a décrit avec frustration le déclin de son mariage qui a abouti au divorce: «Nous en étions arrivés au point où il gesticulait au lieu de parler. Par exemple, lorsqu'il plaçait son doigt sur sa nuque, cela signifiait: «J'ai un mal de tête, ne parle pas.» J'avais l'impression de jouer le rôle d'Anne Bancroft dans *Miracle en Alabama*.»

Écoutez son corps

Pour bien connaître un homme, il faut être capable de lire le langage de son corps, qui est souvent un intermédiaire éloquent, capable d'exprimer dans son propre vocabulaire ce que l'homme est incapable d'exprimer en mots.

Une femme nommée Ronnie parlait un soir avec son mari, Charlie, qui se tenait debout, appuyé contre la porte du réfrigérateur, les chevilles et les bras croisés. «Son langage corporel me disait à ce moment-là qu'il était entièrement «fermé». Il me disait: «Ce que tu racontes ne me plaît pas du tout», se souvient Ronnie.

«Je lui ai dit: «Chéri, ce que je suis en train de te raconter ne te plaît pas, n'est-ce pas?» Il m'a demandé: «Mais qu'est-ce que tu veux dire?» Je lui ai demandé de se regarder dans un miroir. Il a baissé les yeux vers ses bras et ses chevilles, a éclaté de rire et a avoué que j'avais raison. Depuis ce jour, j'observe plus attentivement son langage corporel. Un homme ne parle pas beaucoup. Nous ne pouvons nous permettre de ne pas entendre son corps lorsqu'il hurle sa désapprobation.»

La femme qui a appris à communiquer physiquement peut utiliser ses connaissances lorsque la comunication verbale est rompue ou, si l'homme est extrêmement «fermé», lorsque la communication verbale ne parvient pas à s'établir. «Parfois, nous a raconté Ronnie, lorsque nous nous querellons, Charlie et moi, et que la situation devient intenable, je me penche et je le touche. Toute la conversation change. Bien sûr, nous reparlons ensuite de ce qui nous tracasse; nous n'avons pas changé d'avis, mais nous ne sommes plus en colère l'un contre l'autre. Il est difficile de se montrer méchant ou simplement froid envers quelqu'un qui vous enlace ou qui vous tient la main.»

Il arrive parfois que ce soit plutôt le mode de comportement de l'homme qui communique ses sentiments. Beth, une jeune femme de St.Louis, nous a raconté comment son mariage avait remonté la pente à partir du jour où elle a pris le décision de décoder les faits et gestes de son mari. «Je me demandais sérieusement s'il ne me haïssait pas. Après le travail, il entrait dans la maison, passait devant moi sans dire un mot, sans même me regarder, montait droit dans la chambre et fermait la porte. Une demi-heure plus tard, il redescendait tranquillement, d'humeur charmante. Pendant ce temps-là, je restais assise à me morfondre, en oubliant le dîner au four et en me demandant: «Mon Dieu, qu'est-ce que j'ai bien pu faire?» Pourtant, il ne m'adressait aucun reproche.

«Il m'a fallu un certain temps pour comprendre ce qui n'allait pas. Je savais que ce n'était pas un problème professionnel, car lorsque ça va mal au travail, il arrive en vociférant qu'il a faim, il donne des coups de pied dans la porte du réfrigérateur et il fait peur au chien. Non, lorsqu'il arrive tranquillement pour s'enfermer ensuite dans la chambre, je sais maintenant que c'est à cause de la circulation sur la route. Il a passé un mauvais moment au volant de sa voiture mais il n'a aucun motif sérieux pour se mettre à crier contre tout le monde. Alors, il s'enferme dans la chambre pour se calmer. Un moment plus tard, il est calmé.

«Maintenant que j'ai appris à décoder son attitude, j'apprends quelque chose de nouveau presque chaque jour. Il y a quelques mois, j'ai compris que lorsqu'il me téléphone de son travail, il me fait savoir qu'il souhaite que je sois à la maison à son retour. Aussi je fais l'effort nécessaire. Il est incapable de me le demander directement. Il ne veut pas que j'aie l'impression qu'il me donne des ordres et j'apprécie cette délicatesse. J'ai compris.»

La communication au moyen des relations sexuelles

Pour beaucoup d'hommes, la communication non verbale la plus intense se produit pendant qu'ils font l'amour. Selon le Dr Robert Garfield, les femmes doivent comprendre que pour beaucoup d'hommes qui forment avec leur compagne un couple heureux, l'activité sexuelle n'est pas un substitut de l'expression affective. Elle *est* l'expression de leurs sentiments. «Les hommes canalisent presque toute leur affectivité vers les relations sexuelles, affirme le Dr Garfield, car pour eux, sentiments et sexualité sont synonymes. Il n'en va pas de même pour les femmes et c'est l'un des gros problèmes auxquels les thérapeutes doivent s'attaquer.

«Vous souvenez-vous du film *Annie Hall*? Un psychiatre demande à Woody Allen: «Faites-vous souvent l'amour?» Il répond: «Presque jamais, environ trois fois par semaine.» Lorsqu'on pose la même question à Annie Hall, elle répond: «Constamment, environ trois fois par semaine.» La sexualité n'a pas la même signification pour l'homme que pour la femme.»

Contrairement aux femmes, qui disposent d'une multitude de moyens de communication et de rapprochement, les hommes ont tendance à comprimer toute l'intimité affective dont ils sont capables dans l'acte sexuel. Privés de cette soupape, ils deviennent frustrés et irritables car ils sont dépouillés de la seule source d'intimité qu'ils connaissent.

«Le fait de savoir comment les hommes conçoivent la sexualité peut grandement aider les femmes à les comprendre, affirme le Dr Garfield. C'est d'abord un moyen de se débarrasser du stéréotype de la femme-objet. Les hommes ne désirent pas seulement libérer leurs pulsions sexuelles. Ils veulent aussi se rapprocher, recevoir de l'affection, mais ils ne disposent pas d'autres moyens pour le faire comprendre.»

Dites-le physiquement

Une femme de Cleveland nous a expliqué comment elle utilisait le langage du corps pour communiquer avec son mari. «Je le caresse, je le frôle, je lui tiens la main, je lui masse le cou, je pétris ses pieds. Je crois que le contact physique est la meilleure façon d'aider quelqu'un à s'extérioriser. Les hommes aiment à s'imaginer qu'ils sont des êtres uniquement sexuels mais en réalité, ils ne sont pas très différents des femmes. Le contact physique leur apporte une force morale tout autant qu'un désir sexuel.»

Les hommes possèdent déjà un répertoire de gestes affectueux qui est composé principalement de contacts physiques sur le plan «sportif». Autrefois, ces contacts n'étaient guère partagés avec les femmes, car on craignait qu'ils ne soient perçus comme des avances. Paradoxalement, les femmes jouissent aussi d'un répertoire de gestes affectueux. Mais elles ne l'utilisent qu'avec prudence, craignant que les gestes qui le composent ne soient interprétés par les hommes comme des avances.

Heureusement, la popularité récente des méthodes d'exercice a rapproché ces deux langages corporels, permettant aux hommes et aux femmes de communiquer physiquement sans équivoque sexuelle. Jeff Aquilon et Nancy Donahue Aquilon, deux des plus éminents mannequins new-yorkais et sportifs enragés, ont mis au point un programme d'exercices qui repose sur l'idée qu'un sport pratiqué en compagnie de notre partenaire est aussi bénéfique à notre couple qu'à notre corps.

Lorsqu'un homme ne parvient pas à dissocier le contact physique non sexuel du contact purement sexuel, sa partenaire peut essayer de lui rappeler cette distinction avec douceur. «Par exemple, saisissez sa main et caressez-la gentiment, suggère un expert, ou s'il tente un geste d'exploration, donnez-lui une tape affectueuse, embrassez-le sur la joue et rappelez-lui qu'il est temps d'aller mettre le dîner au four.»

Quelle que soit la solution envisagée, le principe demeure le même. «La majorité des gens réagissent favorablement aux démonstrations physiques d'affection, nous a affirmé le Dr Garfield. La femme doit essayer d'entrer en contact physique avec l'homme. Pour beaucoup d'hommes, une caresse est plus significative qu'un «je t'aime.»

En définitive, ni les analyses, ni les querelles, ni les compromis ne peuvent ouvrir la voie de l'intimité affective. Bien qu'ils réussissent parfois à engendrer des circonstances favorables, ils ne constituent pas la méthode la plus efficace. En revanche, lorsque les deux partenaires apprennent à comprendre mutuellement leurs sentiments, lorsque chacun va vers l'autre afin de connaître ses soucis, lorsque chacun s'efforce sincèrement d'apprendre le langage de l'autre, qu'il soit verbal ou non, la proximité affective qu'ils recherchent tous les deux peut devenir réalité.

Les différents types d'hommes «fermés»

Il n'existe pas qu'un seul type d'homme «fermé». Selon sa personnalité et selon les événements qui ont marqué sa vie, l'homme qui craint l'intimité peut évoluer de diverses manières. Il peut jouer le «macho», le charmeur, le solitaire, le mondain, l'intellectuel, l'artiste sensible, l'ergomane et toute variante de ces rôles afin de se maintenir à bonne distance de ses semblables.

La personnalité distinctive d'un homme «fermé» est importante pour la femme qui s'efforce de percer la carapace. Un homme taciturne doit être approché différemment d'un homme loquace. Un homme qui a totalement inhibé son besoin d'intimité par une attitude compulsive face à son travail représente pour la femme une épreuve différente de l'homme qui reconnaît sa propre sensibilité et sa vulnérabilité.

Chaque cas étant unique, il n'existe pas de panacée universelle. Une femme de Chicago nous a demandé de lui fournir «la carte de l'île au trésor». «Je sais que ce trésor est enfoui quelque part en lui, mais dites-moi seulement où je dois creuser.» Hélas, il n'existe aucune route facile à emprunter, aucune carte révélatrice. Par conséquent, les cas recensés dans ce chapitre ne constituent pas une nomenclature exhaustive. Ils sont plutôt destinés à servir d'exemples et à rassurer. Ils expliquent comment certaines personnes ont fait face à certains problèmes et les ont résolus. Pourquoi pas vous?

L'homme fort et silencieux
L'approche directe

«L'homme fort et silencieux»! Pour plusieurs femmes, cette expression évoque immédiatement des émotions contradictoires. Bien que certaines femmes soient encore excitées par son pouvoir d'attraction sexuelle, elles ne connaissent que trop bien les déboires d'une vie passée à essayer de nouer un lien d'intimité avec un homme fort et silencieux. «Il est facile de *vouloir* un homme fort et silencieux, nous a dit une quadragénaire mariée. La plupart des femmes grandissent en essayant de soutirer un sourire à Papa mais une fois qu'elles y sont parvenues, elles se demandent si le jeu en vaut vraiment la chandelle.»

De tous les types d'hommes «fermés», l'homme fort et silencieux est le plus représentatif des hommes «fermés» aux États-Unis. Les qualités qu'il incarne — ardeur au travail, obstination, intégrité, courage et persévérance — étaient des qualités essentielles à l'époque des premiers colons. Un siècle plus tard, le peuplement de l'Ouest ayant commencé, les mêmes règles se sont appliquées. L'autosuffisance, la réserve et l'austérité sur le plan affectif étaient les plus importants attributs masculins. Qu'ils fussent fermiers ou voleurs de trains, les hommes forts et silencieux s'arrogeaient la part du lion.

Les médias ont véhiculé les valeurs de ces pionniers qui font encore partie de notre héritage culturel. Les films et les émissions télévisées ont figé les normes culturelles et notamment les normes de comportement des sexes, qui n'ont plus évolué depuis l'époque de la conquête de l'Ouest. «Le cow-boy du cinéma, explique Alfred Auerbach, nous a transmis l'image du mâle dur à cuire: fort, résistant, plein de ressources et prêt à s'attaquer à des problèmes insolubles.»

Le syndrome du cow-boy

Les docteurs Jack O. Balswick et Charles W. Peek, auteurs de l'article intitulé «The Inexpressive Male», ont qualifié l'incapacité chronique de s'exprimer dont souffre l'Américain moyen du nom de «syndrome du cow-boy». Ils ont désigné John Wayne comme prototype du genre. Wayne, tel qu'il apparaît dans les films réalisés dans les années quarante par Howard Hawks et John Ford, est le portrait sur celluloïd de l'homme fort et silencieux, représentation vivante du refoulement affectif qui allait influencer des générations de spectateurs. Il est indépendant («Je vais avoir mon propre troupeau»), obsédé par ses objectifs («Je tuerai tous les gars incapables de terminer ce qu'ils ont commencé») et, surtout, parfaitement maître de lui-même («Il n'y a rien que je déteste plus qu'un type mou»).

La réserve affective est un élément primordial du personnage incarné par Wayne. Les sentiments, notamment ceux qui suggèrent une certaine vulnérabilité, sont considérés comme peu virils. «Ne t'excuse pas, mon gars, ordonne Wayne, dans *La Charge héroïque*, à un jeune soldat. C'est un signe de faiblesse.» Malheureusement, cette attitude réservée s'étend jusqu'aux relations intimes. «Le John Wayne de l'écran, affirme l'écrivain William Manville, ne se sent pas à l'aise en compagnie des femmes. Oh, il les aime bien... De temps en temps... Chacun sait qu'il est loin d'être homosexuel! Mais il faut le laisser libre de choisir le moment et le lieu. Et il conserve toujours son cheval à portée de la main, sur lequel il ne tarde pas à s'envoler pour régler des affaires plus urgentes dans la région de Marlboro.»

L'homme fort et silencieux n'est pas plus dépourvu de sentiments que le cow-boy du cinéma. Il est simplement incapable de les exprimer. D'après Balswick et Peek, l'homme véritable «tel que dépeint par Wayne dans ses nombreux rôles stéréotypés, ne manifeste ni tendresse ni affection envers les femmes. Son image masculine, telle que la société l'a façonnée, lui dicte que la démonstration des sentiments est indubitablement le symptôme d'un manque de virilité».

Être viril ne signifie pas, même dans l'univers masculin de John Wayne, purger totalement son coeur. La vertu masculine autorise occasionnellement l'homme à montrer un semblant de faiblesse humaine: un regard gêné en direction de ses bottes, un coup de pied embarrassé dans la poussière, un «ben, oui Madame...» C'est l'incapacité d'exprimer ses sentiments et non l'absence de sentiments qui est la marque de fabrique de l'homme fort et silencieux.

Le cow-boy d'aujourd'hui

L'histoire de l'homme fort et silencieux que nous nommerons Charles est spéciale, non seulement parce qu'elle a eu une fin heureuse mais aussi parce que ce dénouement agréable est dû aux efforts d'une femme. Ils se sont rencontrés dans des circonstances peu romanesques. Tous deux habitaient les appartements Colonial, dans les quartiers nord de Nashville. Charles, âgé de vingt-cinq ans, s'y était installé en attendant que son divorce fût prononcé. La femme, que nous appellerons Karen, venait d'emménager après une liaison malheureuse dans sa ville natale. Il n'y avait rien qu'elle redoutait plus qu'une autre liaison. Et le dernier endroit où elle s'attendait à rencontrer un homme était certainement la salle de lavage des appartements Colonial.

Charles s'impatientait car toutes les machines étaient utilisées. Il tenait son ballot de linge sale dans les bras, attendant que l'une des machines eût terminé son cycle. Dès que l'occasion s'est présentée, il a soulevé le couvercle, vidé l'appareil du linge qu'il contenait, empilé les vêtements en vrac sur la machine voisine. Bien entendu, il s'agissait du type de vêtements qu'il n'avait pas la moindre envie de manipuler: des soutiens-gorge, des culottes, des jupons et plusieurs autres vêtements qu'il a reconnus, sans être capable de les nommer ou de savoir leur utilité.

Il n'avait pas tout à fait terminé lorsque Karen est arrivée. «Je ne savais que penser de lui, se souvient-elle avec émotion. Lorsqu'il a levé les yeux vers moi, il tenait un soutien-gorge dans chaque main et avait l'air très gêné.

«Mais une fois que tout a été empilé dans la sécheuse, nous avons éclaté de rire et il nous a paru tout naturel d'aller boire un café ensemble. Il me paraissait très séduisant. Il est grand et fort, il a des mouvements lents et un sourire adorable. Il m'a expliqué qu'il était ingénieur du son dans un studio d'enregistrement de musique folklorique. Il n'était pas très bavard mais lorsqu'il m'a demandé d'aller danser avec lui le samedi suivant, j'étais déjà à moitié amoureuse de lui.

«Nous nous sommes revus souvent par la suite et, bien entendu, je faisais la conversation toute seule. Parfois, j'avais l'impression qu'il avait des problèmes mais au lieu d'essayer de le faire parler, je faisais mon possible pour le distraire. Je crois que la compagnie d'une personne si renfermée peut rendre anxieux. C'est pourquoi nous avons tendance à bavarder nerveusement. Je pensais qu'il ne me demanderait jamais de l'épouser et j'avais raison. C'est moi qui l'ai demandé en mariage.» Exactement un an après leur rencontre dans la salle de lavage, Karen et Charles se sont mariés puis ont déménagé dans une petite maison de l'ouest de Nashville.

Malheureusement, tout comme il y a peu de place pour les femmes dans les films où joue John Wayne, il y avait peu de place dans la vie de Charles pour Karen. Dans *La Rivière rouge*, la femme que Wayne est censé aimer le supplie de l'emmener avec lui alors qu'il quitte la wagon. Wayne refuse: «C'est trop dur pour une femme», prétexte-t-il. Plus loin dans le film, lorsqu'elle est commodément éliminée au cours d'une attaque des Indiens, Wayne — sa virilité étant fermement établie — se retrouve libre de poursuivre ses véritables objectifs dans le monde des vrais hommes.

Le même scénario, dépourvu des conséquences fâcheuses, se retrouvait dans la vie conjugale de Charles et Karen. Comme beaucoup de femmes, Karen n'avait compris que trop tard à quoi elle s'exposait en épousant un homme fort et silencieux. C'est seulement en y réfléchissant qu'elle s'est rendu compte que Charles n'était pas à l'aise avec les femmes. De son côté, Charles, se considérant bien marié et ayant un bon emploi, reprit son petit train-train, laissant Karen frustrée et solitaire.

151

Malheureusement, il avait des problèmes d'ordre professionnel. Peu après le mariage, il a commencé à craindre que le projet de fusion de son studio avec un autre studio ne lui fasse perdre son poste. Mais en sa qualité d'homme fort et silencieux, il ne pouvait partager ses angoisses. Cela aurait été une preuve de faiblesse et un manque de virilité. Aussi s'est-il efforcé de dissocier sa vie professionnelle de sa vie familiale en refoulant ses angoisses. Au lieu de partager ses problèmes avec Karen, il s'est retiré dans sa tour d'ivoire.

«À cette époque, il avait deux humeurs, explique Karen. Ou bien il se plaignait: «Pourquoi avons-nous encore du poulet pour dîner? Pourquoi laisses-tu toujours la lumière du garage allumée?» Tout ce qui était mal fait retombait sur moi. Ou bien il n'existait plus. Il s'enfermait dans son atelier et nous ne nous parlions pas de toute la fin de semaine. Lorsqu'il adoptait une de ses humeurs, je me disais toujours que l'autre était moins pénible. Nous étions des colocataires, à la différence près que nous ne nous disions même pas bonjour le matin.»

Karen a compris que les problèmes de leur couple ne pourraient pas être résolus tant que Charles et elle n'auraient pas une discussion à coeur ouvert. Elle avait essayé les insinuations subtiles, tentant de l'inciter à se confier en «tournant autour du pot». Mais Charles, comme la plupart des hommes forts et silencieux, interprétait ses manoeuvres comme des tentatives de manipulation. Il lui en voulait et répondait en ignorant ou en refusant ses invitations à «en parler à coeur ouvert». Karen était de plus en plus déprimée et n'entrevoyait d'autre issue que le divorce.

Pendant quelque temps, elle s'est efforcée de supporter la solitude. Puis, un matin, alors qu'elle se maquillait avant de partir au travail, des larmes sont apparues dans le miroir. Quelques minutes plus tard, pleurant à chaudes larmes, Karen est entrée brusquement dans la cuisine où Charles lisait son journal. Il a levé les yeux vers elle, stupéfait. «Charles, a-t-elle dit simplement, j'ai besoin de me rapprocher de toi. Nous sommes si loin l'un de l'autre et je me sens si seule. J'ai l'impression que tu m'as quittée. Que pouvons-nous faire pour nous rapprocher de nouveau?»

Karen était chanceuse. Contrairement à bien d'autres hommes, Charles était capable de répondre à son appel.

«Moi aussi je voudrais me rapprocher de toi», a-t-il dit.

La première bataille à livrer pour aider l'homme fort et silencieux à s'extérioriser consiste à capter son attention. S'il vit dans deux univers bien distincts, celui du travail et celui du foyer, l'homme «fermé» accorde bien souvent la priorité à sa carrière. Il lui est donc difficile de prêter attention à ses problèmes de couple. Une étude récemment entreprise par le psychologue Ray Birdwhistle a révélé que le couple moyen consacre vingt-sept minutes et demi par semaine à la conversation, soit une minuscule demi-heure. Selon le Dr Marilyn Machlowitz, par «conversation», il faut également entendre des répliques du genre: «N'oublie pas de rapporter un litre de lait». «Il est facile de comprendre, ajoute le Dr Machlowitz, comment une conversation un peu plus élaborée ajouterait de la sensualité à la vie conjugale.»

Le problème est aggravé par la réticence de l'homme fort et silencieux à parler de ses problèmes. En général, il va jusqu'à nier leur existence. Si la femme ne réussit pas à capter son attention afin de s'assurer de sa collaboration, elle a bien peu de chances de réussir dans son entreprise. S'il ne veut rien donner, elle ne recevra rien.

Si Karen a eu le courage d'attaquer Charles de front, c'est parce qu'elle était parvenue à l'extrême limite de ses forces. À l'instar de nombreuses autres femmes, elle a découvert qu'une approche directe était bien plus efficace qu'elle l'aurait imaginé. La plupart des hommes sont, après tout, habitués aux face-à-face désagréables dans leur milieu professionnel. Pourtant, les femmes qui se trouvent dans la même situation que Karen ont peur d'être directes, peur de demander simplement «ce qui ne va pas».

«Plus tard, je me suis dit que chaque relation comporte un élément de risque, explique Karen. Parmi mes amies, les plus heureuses avec leur compagnon sont celles qui ont appris que si le rejet pouvait tuer, nous serions tous morts. Aussi ont-elles moins peur d'affronter leurs problèmes.»

«Parfois, affirme la journaliste Anne Gottlieb, l'approche directe est enterrée sous l'idée, acquise au cours des années, qu'elle ne peut se révéler efficace.» En outre, la femme a parfois du mal à exprimer ses besoins, car elle est incapable de les cerner avec précision. Elle sait qu'elle est malheureuse mais elle ne sait pas exactement ce qui ne va pas. Il arrive aussi qu'elle soit trop fière pour laisser entendre à l'homme à quel point elle a besoin de son attention.

Au lieu de l'approche directe, elle peut utiliser une circonlocution du genre: «Es-tu obligé de regarder le match aujourd'hui?» Mais en général, les femmes s'attendent à ce que leur compagnon leur accorde l'attention dont elles ont besoin sans qu'elles aient à la réclamer, «convaincues qu'un homme affectueux et sensible devrait se douter que sa femme a besoin de plus d'attention, de plus d'affection, voire de plus de conversation».

Malheureusement, il est fort possible que l'homme ne soit absolument pas conscient des besoins de sa femme, auquel cas il sera irrité par les manoeuvres indirectes auxquelles elle se livrera et qu'il interprétera comme des doléances implicites. La plupart des hommes préfèrent en réalité qu'on leur fasse part d'une manière directe et sans équivoque de tous besoins ou griefs. Une série d'insinuations laissera à l'homme l'impression d'être manipulé et il ne tardera pas à élever ses défenses. Par exemple, à une femme qui ne reçoit pas assez d'affection, le Dr Daniel Casriel suggère d'expliquer franchement à son partenaire qu'elle a besoin de sa présence et de sa proximité. «Les hommes sont censés faire les premiers pas, dit-il, mais en réalité, ce sont les femmes qui doivent leur expliquer comment s'y prendre.»

Un homme sera également plus porté à répondre favorablement à une requête de ce genre si elle est formulée d'une manière précise, comme un problème ayant une solution bien déterminée. «Ce matin-là, se souvient Karen, je n'ai pas simplement dit à Charles: «Extériorise-toi donc!» Nous ne nous sommes pas non plus jeté nos quatre vérités à la figure. Nous avons simplement ouvert la porte à la discussion. Plus tard, nous sommes sortis dîner et nous avons parlé. Je lui ai confié que j'aimerais qu'il me dise «bonjour» en se levant le matin. J'étais fatiguée de penser que l'autre personne n'existait pas. Lorsqu'il rentrait à la maison, je voulais qu'il me prenne dans ses bras. Et si cela ne lui plaisait pas, il n'avait qu'à s'imaginer que j'étais Bo Derek. Finalement, il a compris. J'ai d'abord concentré mes efforts sur les aspects «superficiels» de la relation amoureuse en me disant que l'essentiel suivrait bien un jour. Et c'est ce qui s'est passé. Notre situation a réellement changé.»

Karen s'est montrée claire et précise dans l'affirmation de ses besoins affectifs. En agissant de cette façon, les femmes peuvent diriger le processus d'extériorisation et fournir à l'homme des critères objectifs lui permettant d'évaluer ses progrès. Si elles ne précisent pas ce qu'elles veulent, elles ne réussiront guère à l'obtenir. L'homme aura l'impression d'être manipulé sans but précis. Il pensera que puisque les besoins de sa femme ne semblent jamais être satisfaits, le jeu n'en vaut pas la chandelle.

À chaque étape, Karen s'est efforcée d'exprimer clairement ses besoins. Lorsque Charles, comme beaucoup d'autres hommes forts et silencieux, rentrait du travail nerveux, tendu, irritable et inaccessible, elle crevait immédiatement l'abcès. Elle nous a décrit une conversation caractéristique:

— Charles, qu'est-ce qui ne va pas?

— Rien du tout.

— Charles, que s'est-il passé aujourd'hui?

— Rien! Il ne s'est rien passé!

— Pourtant, tu n'as pas ta tête des bons jours. Tu arpentes la maison comme un lion en cage. Dès que le téléphone sonne, tu sursautes.

Pour percer le mur de silence et de négations qui entourait Charles, Karen lui posait des questions directes, franches et précises:

— Écoute Charles. Je ne veux pas passer la soirée avec toi lorsque tu es de cette humeur. Je veux que tu me dises ce qui s'est passé aujourd'hui. T'es-tu encore disputé avec un producteur? L'un de tes assistants a-t-il fait des bêtises? Dis-moi ce qui s'est passé.

Chaque homme étant différent, il réagira de manière différente aux efforts de sa compagne. Karen connaissait Charles assez bien pour savoir qu'il réagirait certainement de manière positive à une approche directe. «Mais d'autres hommes auraient pu me trouver trop exigeante, dit-elle. Je connais des femmes qui laissent à leur mari le temps de respirer un peu en rentrant du travail, quelques minutes de tranquillité. Ensuite, elles lui demandent ce qui ne va pas. Mais je connais Charles assez bien pour savoir que si je l'avais laissé tranquille, il aurait boudé toute la soirée.»

Karen a compris que la collaboration de Charles était indispensable. Faire irruption dans la cuisine était une chose; s'assurer de sa collaboration en était une autre. Ils vivaient sous le même toit tout en menant des existences entièrement distinctes. Ni leurs emplois du temps ni leurs besoins affectifs ne semblaient se chevaucher. Karen a donc décidé qu'elle ferait tout pour que leurs deux vies n'en fassent plus qu'une.

Elle a commencé par laisser de petits messages à Charles chaque fois qu'elle quittait la maison, pour lui annoncer où elle allait et à quelle heure elle serait de retour. «Nous n'avions jamais fait ça auparavant. J'apprenais qu'il devait aller quelque part que lorsque j'entendais la porte se refermer derrière lui. Nous avions besoin de participer davantage à la vie de l'autre. Mais comment y parvenir ne sachant pas où l'autre se trouvait? Charles a compris mon point de vue car il a commencé à me dire où il allait avant de sortir.» Karen ne lui a jamais demandé de laisser des messages. Il a simplement pris exemple sur elle.

Lorsqu'on veut donner l'exemple, il faut se montrer conséquent. Charles a finalement été capable de parler de ses problèmes professionnels et Karen a compris ce jour-là qu'elle venait d'ouvrir les vannes. Elle se trouvait dans la salle de séjour, en train de bavarder avec une amie, lorsqu'il est entré en se plaignant de son travail. «J'ai répondu quelque chose comme: «Voyons, Charles, ce n'est pas si tragique! Cesse de te plaindre!» Charles est sorti, perplexe et blessé. Karen s'est alors aperçue de l'erreur qu'elle venait de commettre. «Pendant toutes mes années de solitude à ses côtés, je n'aurais jamais imaginé qu'un jour je repousserais ses confidences.»

Karen a pu se rendre compte qu'éliminer la crainte masculine de l'intimité n'était pas simple. Lorsqu'un homme a joué un rôle stéréotypé pendant des années, quelques mots magiques ne suffisent pas à l'en délivrer. Le processus est bien plus mécanique que magique. «Il n'existe ni formule magique ni solution miracle, nous a expliqué le Dr Lewis Long. Développer la communication entre un homme et une femme requiert du temps, de la patience, du travail, de la patience, de l'amour, de la patience et encore de la patience.»

Le Dr Carlfred Broderick, thérapeute spécialiste des relations conjugales et familiales à l'University of Southern California, est tout à fait d'accord: «Le public commence à mieux comprendre ce qu'est la communication dans un couple. Cependant, aucune technique ne peut remplacer l'engagement personnel... Malheureusement, nous parvenons plus facilement à apprendre aux gens comment assouvir leurs propres besoins qu'à leur apprendre à se sacrifier, à attendre et à se montrer patients. L'abnégation et la patience sont des vertus sous-estimées dans la société américaine. Pour qu'une relation de couple réussisse, conclut le Dr Broderick, il faut que les deux partenaires le veuillent vraiment.»

«Le truc, explique Karen, est de savoir apprécier les petites victoires. Par exemple, savourer le moment où il ne va pas se planter devant le téléviseur immédiatement après le dîner. Beaucoup de femmes attendent une grande victoire qui ne vient jamais. La réussite est composée d'un tas de petites victoires successives.»

Le charmeur

L'équilibre des pouvoirs

La plupart des hommes s'isolent dans leur tour d'ivoire en ne montrant pas ce qu'ils ressentent. Ils sont capables d'éprouver des sentiments mais incapables (ou peu désireux) de les exprimer. En revanche, d'autres hommes parviennent au même résultat en utilisant une voie différente. Au lieu de dissimuler les sentiments qu'ils éprouvent, ils expriment des sentiments qu'ils n'éprouvent pas. Ils se montrent ouverts et démonstratifs, mais il ne s'agit que d'une fausse apparence. Ils appliquent une stratégie de diversion plutôt que de défense. Ils sont les charmeurs de ce monde.

Le charmeur, le play-boy, le don Juan, quel que soit le nom qu'on lui donne, joue toujours le même rôle. Quelle femme peut se vanter de n'avoir pas eu d'aventure avec un séducteur! La liaison commence en général par des mots d'amour murmurés habilement dans une oreille réceptive. Au départ, le charmeur apporte une certaine forme de réconfort à sa partenaire: il la considère, il la complimente et il la comble d'affection. Mais chaque récit se termine de la même manière: dès que le charmeur parvient à ses fins — un mariage, une liaison ou une simple nuit —, la relation se termine abruptement. Les promesses d'engagement, d'épanouissement sexuel et d'union spirituelle ne deviennent que revendications féminines. L'oasis de compassion masculine se révèle être un mirage.

Dans l'ensemble, le charmeur est identique à ce que Karen Horney définit comme le «narcissique»: un homme «persuadé qu'il est important et unique en son genre... Son énergie et son tempérament d'éternel adolescent se conjuguent à son charme très souvent envoûtant. Pourtant, malgré ses talents, il demeure dans une situation précaire. Il parle constamment de ses exploits et de ses propres qualités car il a besoin qu'on l'admire et qu'on se consacre entièrement à lui. Son sentiment de supériorité le convainc qu'il n'y aucune entreprise au-dessus de ses forces et aucun être humain à l'abri de son charme.

«D'ailleurs, il est souvent charmant, surtout lorsqu'il y a de nouvelles personnes dans son entourage. Quelle que soit leur importance, il *doit* absolument les impressionner. Il fait croire aux autres — et à lui-même — qu'il adore les femmes. Il sait se montrer généreux, expressif et flatteur, et il accorde des faveurs à autrui, espérant ainsi recevoir l'admiration de tous.»

Son charme superficiel ne reposant aucunement sur la sincérité, le charmeur entre souvent dans la catérogie la plus «fermée» de toutes les catégories d'hommes «fermés». Il est certainement l'un des plus dangereux pour une femme. Contrairement à l'homme fort et silencieux dont la vie intérieure est active, bien que secrète, le charmeur a noyé sa vie intérieure dans le «jeu». Rien ne compte plus pour lui que l'atmosphère théâtrale dans laquelle il vit. Son monde affectif se limite à la recherche continuelle de l'approbation d'autrui.

Tout comme l'homme fort et silencieux a été surnommé «cow-boy» ou «John Wayne» par les psychologues, le charmeur a été associé au personnage de James Bond et surnommé le «play-boy». Les psychologues Balswick et Peek, qui ont étudié les différents types de comportement masculin, ont conclu que même si le play-boy manifeste «l'indifférence et l'indépendance du cow-boy», ses problèmes affectifs sont beaucoup plus graves.

«James Bond et les hommes dont il est la caricature, écrivent-ils, sont, en quelque sorte, «morts» sur le plan affectif. Ils n'éprouvent aucun sentiment envers les femmes tandis que le cow-boy, malgré son indépendance et son incapacité de s'exprimer, éprouve véritablement certains sentiments. Bien qu'aucun de ces syndromes ne soit particulièrement enviable, il est psychologiquement moins grave d'éprouver des sentiments tout en étant incapable de les exprimer que d'exprimer des sentiments qu'on est incapable d'éprouver.

«Dans ses relations avec les femmes, le play-boy, concluent les auteurs, représente l'extrême de la personnalité obsédée. C'est ce que Erich Fromm appelle la «commercialisation», soit une personne qui se considère et considère le reste de l'humanité comme des objets manipulables, exploitables et commercialisables.» La femme est donc ramenée à l'état d'objet dont la possession est une conquête. Une «liaison» fructueuse signifie que les partenaires ont partagé la même couche mais que le play-boy a réussi à éviter tout engagement sur le plan affectif.» Le charmeur, frère jumeau du play-boy de Balswick et de Peek, crée le décor romantique tout en demeurant dans les coulisses.

Il existe plusieurs types de charmeurs. Du gamin qui n'a jamais grandi, armé de son sourire naïf et de son ingénuité calculée, jusqu'à l'espèce que les femmes qualifient de «mortelle», qui réussit à obtenir tout ce que la femme peut donner. «C'est la différence qui existe entre une pièce jouée par une troupe de comédiens amateurs et une pièce qui passe à Broadway, nous a expliqué une femme. Un merveilleux acteur — et don Juan en est un — peut vous faire oublier qu'il est en train de jouer. Il parvient à l'oublier lui-même! S'il est assez bon, les femmes ne veulent pas savoir qu'il est en train de jouer la comédie. Elles ont hâte d'abdiquer toute méfiance, tout bon sens, tout discernement. Elles renoncent à tout. Oui, le vrai charmeur est un très bon acteur!»

Le vrai charmeur rend les femmes perplexes car il semble être véritablement sensibilisé à leurs besoins. Il remarque ce qu'elles aiment et ce qu'elles n'aiment pas et il agit en fonction de ses observations. Et, bien entendu, en tant qu'amant, il se montre toujours à la hauteur de sa réputation.

En outre, il possède le sens de l'opportunité d'un réalisateur cinématographique. Il conçoit les scènes de séduction avec une ingéniosité et une imagination diaboliques. L'actrice Linda Evans se souvient d'une telle «scène», conçue et réalisée par son ex-mari, John Derek: elle est rentrée chez elle pour trouver John qui l'attendait, «le champagne au frais, des raisins trempés dans du blanc d'oeuf puis saupoudrés de sucre, un lit de fourrures près du foyer dans une pièce remplie de bougies». Le vrai charmeur sait manipuler les autres d'une manière plus que subtile. L'apparence de sincérité, l'impression que de tels moments ne sont que le fruit d'un amour parfait, font souvent du charmeur un homme irrésistible.

Bien que l'approbation féminine soit la nourriture quotidienne de son amour-propre, les représentations théâtrales du don Juan ne sont pas réservées aux futures proies. Le monde est sa scène favorite, l'humanité entière est son auditoire. Le charmeur est populaire partout où il donne son spectacle: dans les soirées, au bureau, au gymnase ou au bar. Son charme est naturellement impersonnel et social, fondé sur des vertus superficielles et des attitudes qui plaisent à tout le monde. Après tout, un groupe n'exige pas de chacun de ses membres une sincérité absolue. Curieusement, cette popularité est souvent l'un des aspects de sa personnalité qui attire les femmes. Elles baignent avec plaisir dans la lumière du projecteur qui semble le suivre partout.

En dépit de son apparente assurance, le charmeur est, de tous les types masculins, celui qui ressent l'insécurité la plus profonde. Loin d'être le manipulateur sûr de lui qu'il semble être, le don Juan, selon Alfred Adler, «est un homme qui doute de sa propre virilité et recherche constamment à se la prouver par des conquêtes».

Tout comme le don Juan est bouleversé par la perte progressive de sa puissance sexuelle, le charmeur est cruellement marqué par le rejet. Lorsque ses charmes n'agissent plus, lorsque son pouvoir sur les autres semble se dissoudre, il devient — du moins c'est l'impression qu'il a — totalement impuissant. Les années de manipulations réussies diminuent sensiblement son seuil de tolérance à l'échec. Tous les types d'hommes sont caractérisés par la fragilité de leur ego, mais il est indéniable que celui du charmeur est parmi les plus délicats.

L'allure du charmeur

Voici la description d'un homme qui entre dans cette catégorie. Son nom est Gordon. Né dans le Middle-West, il a fait ses études dans l'Est puis s'est installé à Washington où il n'a pas tardé à faire carrière dans le journalisme. Il sait interroger les personnes les plus réticentes et ses talents lui ont été particulièrement utiles dans ses relations avec les femmes.

Gordon possède la beauté de Robert De Niro, une voix profonde et expressive, un rire facile et une aisance mondaine qui facilitent les rencontres les plus embarrassantes. Ses amis envieux affirment, peut-être pour se consoler, que le charme de Gordon n'attire qu'une certaine catégorie de femmes: les jeunes filles naïves qui hantent les corridors du pouvoir dans l'espoir d'être remarquées par un homme riche et puissant. En réalité, le charme de Gordon est bien plus subtil, ses manières bien plus convaincantes et les femmes qu'il attire plus séduisantes que le laissent entendre les envieux. Son secret? Il est fort simple: «Je comprends les femmes. Je leur donne ce qu'elles désirent.»

La vie sentimentale de Gordon se déroulait selon un schéma très simple: de brèves liaisons, parfois consécutives, parfois simultanées, mais rien de durable. La première femme qui a réussi à briser ce rythme se nommait Vanessa.

Vanessa n'était pas comme les autres. Elle était séduisante, avec ses cheveux blonds coupés à la «Lady Di», le teint mat et parfait d'une pêche, mais elle n'était pas un beauté fatale, contrairement aux autres conquêtes de Gordon. En outre, Gordon ne l'avait pas rencontrée dans les circonstances habituelles, au cours d'une soirée ou d'une entrevue. Elle lui avait été présentée par un ami commun.

Âgée de trente ans, Vanessa avait au moins cinq ans de plus que la plupart des femmes conquises par Gordon. Elle était avocate et travaillait pour un bureau d'avocats très réputé de Washington qui lui avait promis une association très prochaine. Elle possédait un sens de l'humour désarmant qui avait séduit Gordon dès leur première rencontre. Ses traits d'esprit dissimulaient une intelligence remarquable.

Nulle faiblesse humaine ne pouvait lui être cachée, pas plus celle de Gordon que les autres. «Je n'ai jamais été complètement ensorcelée par lui, nous a-t-elle confié. Même au début. Sa réputation l'avait précédé. Avant même que nous sortions ensemble pour la première fois, je savais que c'était un play-boy et qu'il ne s'était jamais marié. C'était suffisant pour que je me méfie de lui.»

Dans ces conditions, comment a-t-elle fait pour tomber amoureuse de lui? «J'ai été vaincue. Les raisons de ma défaite étaient nombreuses.» Elle a commencé à compter sur ses doigts. «Son apparence physique, bien sûr. Je n'étais pas aveugle. Ses yeux, son corps. C'était suffisant pour commencer. Ses qualités d'amant. Il était extraordinaire. Je n'avais jamais eu un amant pareil. Lorsqu'il me touchait, ça voulait dire quelque chose. Il savait exactement comment s'y prendre. Il faisait des efforts pour savoir ce qui me plaisait et ça m'a touchée.»

Selon Vanessa, Gordon avait autant d'imagination dans la vie quotidienne que durant les séances amoureuses. «Il était passé maître dans l'art de la surprise. Il adorait me surprendre et se montrait très espiègle. Je me souviens d'un soir où, arrivée à son appartement, il m'a proposé de monter sur le toit. Il avait quelque chose à me montrer. Effectivement, il y avait préparé un superbe pique-nique, aussi beau que dans un film italien. J'ai adoré cette soirée.»

Gordon avait également pris l'habitude d'emmener Vanessa en voyage, par surprise: une nuit ici, une fin de semaine là, des voyages imprévus dans des endroits romantiques. «Il s'efforçait constamment de régénérer notre relation. Il avait tant d'imagination! J'essayais toujours de deviner ce qu'il allait inventer. Il avait toujours de nouvelles idées, de nouveaux projets. La plupart des hommes détestent téléphoner mais pas lui. Il me téléphonait constamment pour m'annoncer quelque chose de nouveau.»

Vanessa s'est empressée d'ajouter que ce n'étaient pas seulement les plaisirs superficiels de sa relation avec Gordon qui l'avaient séduite, même s'ils étaient exceptionnels. « Il s'intéressait vraiment à moi. Il voulait savoir ce que je ressentais. Il voulait savoir ce que je voulais faire, où je désirais aller manger. Il m'écoutait. Il passait des heures à me parler et à me poser des questions. Nul homme n'avait fait ça pour moi auparavant. Peut-être était-ce sa formation de journaliste mais vous pouvez être certain qu'un avocat ne passerait pas des heures à écouter quelqu'un parler, particulièrement si ce quelqu'un est une femme.»

Pour Vanessa, l'atout principal de Gordon était sa faculté de donner à une femme l'impression qu'elle était exceptionnelle. «Lorsque nous étions ensemble, seuls ou avec d'autres gens, il me laissait toujours comprendre que j'étais pour lui la seule personne de la pièce, la seule personne au monde. Il était merveilleusement capable de concentrer tous ses charmes et toute son attention sur une seule personne. L'attention de ce genre d'homme vous incite à croire que vous êtes belle, quelle que soit la réponse des miroirs.»

Elle se souvenait de la manière qu'avait Gordon de se pencher vers elle, tenant sa tête entre ses mains, apparemment perdu dans ses pensées. «J'avais l'impression qu'il voulait éloigner toutes les distractions. Il ne voulait voir personne d'autre au monde que moi. Il n'aimait personne d'autre. Voyez-vous, j'avais tellement l'habitude que les hommes me considèrent avec indifférence et qu'ils ne me prêtent pas la moindre attention que l'attitude de Gordon était comme une oasis dans le désert. C'était comme si vous aviez déraciné une plante enfoncée dans un sol dur et pauvre pour la transplanter dans une serre chaude, ensoleillée et merveilleusement humide. Je m'épanouissais grâce à ses attentions.»

Cependant, dès que Vanessa a fait mine d'abaisser ses défenses et de considérer Gordon comme un partenaire éventuel, l'attitude de son amant s'est radicalement modifiée.

«Après une merveilleuse fin de semaine au cap Cod, je lui ai téléphoné et il m'a paru distant. Il m'a expliqué qu'il serait occupé au cours des semaines suivantes à cause de son travail. Sa nouvelle mission était épineuse et il me téléphonerait lorsqu'il le pourrait. J'ai ressenti un choc mais il ne m'a pas fallu longtemps pour comprendre ce qui se passait. On m'avait avertie et c'était maintenant mon tour. Deux semaines plus tard, j'ai pris une décision: je n'allais pas joindre les rangs de toutes les femmes de la ville qu'il avait abandonnées. J'allais le quitter la première. Je lui ai donc envoyé une petite lettre lui disant que j'avais passé d'agréables moments avec lui mais que j'avais compris qu'il n'était pas le genre d'homme qui me convenait.

«Des mois ont passé. J'étais malheureuse, mais rien n'aurait pu me contraindre à l'appeler. On m'a dit qu'il sortait avec quelqu'un d'autre. Puis un jour, comme je m'y attendais, je crois, il a téléphoné. Il voulait me revoir. J'ai refusé. Plus je refusais, plus il insistait. Comme un principe de physique. Mais je n'étais plus intéressée par ses manipulations.

«Il a alors fait quelque chose de tellement délicieux et imprévu, que j'ai craqué. J'attendais la visite d'un journaliste du *New York Times* qui devait écrire un article sur les avocates. Le journaliste est arrivé, et c'était Gordon. Il a joué son rôle à la perfection jusqu'au moment où nous n'avons pu nous empêcher de rire. Pour couronner le tout, après son départ, j'ai découvert au-dessus de la cheminée une photo de lui, encadrée, sur laquelle il avait écrit: «J'aime Vanessa». C'était complètement fou et totalement diabolique de sa part.

«Nous avons recommencé à nous fréquenter, mais notre relation était entièrement différente. J'ai décidé de refuser ses invitations dans des restaurants chics ou à des réceptions diplomatiques. J'ai commencé à me rebeller contre son assurance et contre sa certitude que toutes les femmes lui appartenaient. J'ai gardé un peu plus de moi-même en réserve. Je n'ai pas été emportée par son charme.»

Cette distance était justement l'élément de la relation qui soutenait l'intérêt de Gordon. Son passé se composait surtout de brèves liaisons, qui n'avaient duré que le temps nécessaire à la séduction. À l'instar de la majorité des charmeurs, Gordon ne pouvait résister à un défi. Il aimait séduire les femmes et, sans le défi offert par leur résistance, la séduction n'était qu'un triste exercice. En demeurant légèrement hors de portée, Vanessa a soudain acquis un intérêt exceptionnel à ses yeux.

«J'ai compris que si je voulais avoir une relation sérieuse avec lui, je devais absolument maintenir l'équilibre des pouvoirs. Cette idée m'a plu. Je suppose que je suis une personne indépendante qui ne peut s'intéresser qu'à une autre personne tout aussi indépendante. Nous nous sommes en quelque sorte reconnus l'un dans l'autre. Depuis trois ans, nous sommes très heureux. Un charmeur sera toujours un charmeur. Il n'y peut rien. Mais à certains moments, il oublie d'impressionner ou d'attirer l'attention de son entourage et il est lui-même tout simplement. Il est alors l'homme idéal. Nous formons le couple idéal.»

Le solitaire

«Laissez-le geler!»

Lorsqu'on a demandé à la sexologue Helen Singer Kaplan ce qu'il fallait faire pour qu'un mariage réussisse, elle a répondu sans hésiter: «Choisir le bon partenaire. Si vous choisissez un partenaire qui ne vous convient pas, malgré tous vos efforts, le mariage échouera certainement... Trop de gens se marient sans la moindre compréhension de leurs besoins ou des besoins de leur partenaire.»

Malheureusement, il existe des femmes qui oublient de se poser la question fondamentale: «Est-il *capable* de s'extérioriser? Est-il un papillon qui attend qu'on le sorte de son cocon?» Ou est-il prisonnier de son éducation et des pressions sociales au point qu'il ne s'extériorisera jamais, quels que soient les efforts de sa partenaire ou l'aide qu'on lui offre? Les femmes qui se plaignent d'une relation ratée — passée ou actuelle — oublient parfois de se demander si cette relation n'était pas en réalité condamnée dès le départ. Elles blâment l'homme («Il ne savait pas quelle chance il avait»), elles blâment les hommes en général («Tous des zombies!») ou, ce qui est le plus fréquent, elles se blâment elles-mêmes («Si seulement j'avais fait plus d'efforts»).

Parfois, il n'y a personne à blâmer. La responsabilité de l'échec n'est attribuable ni à la «perversité» du partenaire, ni aux défauts des hommes, ni à l'incompétence de la femme. La responsabilité, malheureusement, est attribuable au fait que certains hommes sont nés «fermés» à toute intimité affective. Quels que soient les efforts de la femme, ces hommes sont généralement destinés à finir leur vie seuls. La plupart d'entre eux sont capables de changer après des années de psychothérapie mais, comme tous les hommes, ils ne sont ni motivés ni suffisamment disciplinés pour entreprendre un traitement aussi long.

Contrairement aux autres hommes, qui craignent l'intimité mais veulent désespérément jeter un pont vers les autres pour en finir avec leur isolement, le solitaire semble résigné à demeurer naufragé sur l'île de son indifférence. Il est affectivement autosuffisant, ou du moins dans la mesure où un être humain peut l'être. Il peut nouer des relations, mais elles demeurent dépourvues de tout engagement affectif. «Certains hommes sont semblables à des coureurs de fond, nous a affirmé une femme. Ils s'arrêtent pour se reposer une minute et ils appellent ça une relation. Mais le seul endroit où ils se sentent à leur aise, c'est sur la piste.»

Malheureusement, certaines femmes sont attirées vers le solitaire, séduites par sa réserve, par le charme de l'inconnu et par ce qu'elles considèrent, à tort, comme son besoin de communiquer. «Il a fait appel à mon instinct maternel», nous a expliqué une femme qui, ayant découvert trop tard que son mari était un «bohémien» sur le plan affectif, n'a pas tardé à demander le divorce. «Je me disais: «Oh, ce pauvre garçon, il a besoin qu'on l'aime.» Mais en réalité, il n'en avait pas le moindre besoin. Ses parents ne lui avaient jamais montré beaucoup d'amour et il ignorait ce qu'était une véritable relation affective. Ça m'attriste encore d'y penser car j'ai encore envie de lui donner tout l'amour qu'il n'a jamais connu. Mais je suis contente d'avoir compris à temps que notre mariage ne marcherait jamais, qu'il gâcherait nos deux vies.»

Le pouvoir de séduction qu'exerce le solitaire sur les femmes est semblable à celui qu'exerce l'homme fort et silencieux. En se montrant lointain et imperturbable, il crée une illusion de force de caractère. On confond son côté inaccessible avec la solidité et la fiabilité. Ajoutez à cela le défi romantique qu'il représente et vous comprendrez pourquoi certaines femmes le trouvent irrésistible. C'est pourquoi il est essentiel que ces femmes apprennent à voir au-delà du personnage, qu'elles comprennent à qui elles ont réellement affaire et qu'elles finissent par accepter qu'il est véritablement inaccessible.

La femme doit apprendre, entre autres, à faire la distinction entre un solitaire, qui a de sérieux problèmes psychologiques que seul un traitement prolongé peut résoudre, et un charmeur ou un ergomane, dont les difficultés peuvent être résolues dans le contexte de la relation, sans aide extérieure.

Est-il un solitaire?

Le solitaire se montre toujours indifférent et prend soin de garder ses distances. La femme qui vit une relation sérieuse avec un partenaire qu'elle aime, devrait toujours se méfier s'il semble non seulement incapable de se «donner» à elle sur le plan affectif, mais s'il refuse aussi d'exprimer ses sentiments à toute autre personne, ami ou parent. Le solitaire, selon Karen Horney, est quelqu'un qui «est capable d'avoir des relations distantes ou éphémères, mais qui refuse de s'engager véritablement. Il refuse de s'attacher à une autre personne au point d'avoir besoin de sa présence, de son aide ou de son amour. Il n'attend pas grand-chose des autres».

Une femme du Minnesota, mariée depuis vingt ans en secondes noces, nous a parlé de son premier mari, un véritable solitaire. «J'aurais dû reconnaître les symptômes. Il n'était pas affectueux, il était toujours distrait, mais j'avais tendance à me culpabiliser. Je n'avais pas connu beaucoup d'hommes avant lui et je manquais de points de comparaison. Je pensais qu'il ne m'aimait pas parce que je n'étais pas digne de son amour. Je ne me suis pas demandé pourquoi il n'avait pas d'ami, pourquoi il n'invitait jamais ses collègues à la maison. Le jour où sa soeur et son beau-frère sont venus nous voir, j'ai remarqué qu'il avait toutes les peines du monde à entretenir la conversation. Et j'ai compris. S'il ne m'aimait pas, ce n'était pas parce que j'étais indigne de son amour. C'était simplement parce qu'il était incapable d'aimer qui que ce soit.»

Parce que le véritable solitaire est incapable de la moindre intimité affective, sa compagne pensera tout naturellement qu'il est également incapable d'intimité sexuelle. En fait, peu de solitaires évitent entièrement toutes relations sexuelles, mais ils parviennent à dissocier l'intimité affective de l'intimité physique lorsqu'ils font l'amour. Ils disposent de plusieurs moyens pour garder leurs distances affectives en présence d'une partenaire sexuelle. «Le solitaire peut exclure les relations sexuelles qu'il considère comme trop intimes, affirme Horney. Bien entendu, il doit satisfaire ses besoins sexuels et, en général, il s'accommode d'aventures passagères. Il peut également limiter une relation à de simples contacts sexuels sans partager d'autres expériences avec sa partenaire.»

Certains solitaires sont si réservés qu'ils évitent absolument tout type de relations. «Cela peut être le signe d'une personnalité introvertie et schizoïde, explique le Dr Garfield. Un homme qui ne s'aime pas est un homme à problèmes, un homme qui refuse de se lancer dans l'aventure d'une relation humaine car cette perspective lui paraît trop menaçante. Il ne veut pas risquer de se révéler à autrui, pas plus qu'il n'accepte le risque d'apprendre des choses désagréables sur lui-même. Vous avez là les symptômes d'un grave problème qui ne peut être résolu que par un professionnel.»

Le solitaire est généralement indifférent aux réactions des gens qui l'entourent. Bien sûr, plusieurs hommes «fermés» font mine de se moquer de l'opinion d'autrui, car l'indifférence est un élément important du rôle masculin qu'ils ont à jouer. Le véritable solitaire, en revanche, a appris à se moquer de tout, à être réellement indifférent à ce que pensent les autres. Il arrive parfois qu'il partage un de ses problèmes, mais lorsque quelqu'un d'autre se confie à lui, il réagit par un manque d'intérêt à peine voilé. Certains solitaires sont capables d'écouter les autres pendant des heures et des heures, mais refusent de révéler leurs propres états d'âme. C'est pourquoi en l'absence de toute réciprocité, les relations qu'ils nouent demeurent superficielles, à sens unique et impersonnelles.

Le Dr Joseph Luft, professeur de psychologie à l'Université d'État de San Francisco et auteur de *Of Human Interaction*, a rédigé un ensemble de questions permettant de déterminer si le degré de réciprocité est suffisant pour qu'une véritable intimité affective se développe:

- La relation permet-elle l'expression des sentiments de chaque partenaire ou les moments d'extériorisation se produisent-ils en l'absence de tout contexte affectif?
- Lorsqu'un homme exprime ses sentiments, est-il conscient de la réaction des autres?
- Pense-t-il que ses sentiments signifient quelque chose pour l'autre, ou se contente-t-il de se défouler afin d'éliminer la tension qu'il ressent?

Vivre avec un solitaire

L'incapacité du solitaire de partager ses besoins affectifs diminue ses chances de nouer une relation durable, sans toutefois les annuler complètement. Il existe en effet des femmes qui, pour des raisons d'ordre psychologique, souhaitent une relation qui leur permette de conserver une distance affective considérable. Leur besoin d'indépendance est si grand qu'elles recherchent l'homme capable de leur donner toute la liberté dont elles rêvent. D'autres femmes éprouvent le besoin de donner sans rien exiger en retour. Par conséquent, elles survivent sans problèmes au dévouement absolu que requiert le solitaire.

«Comme beaucoup d'autres filles, je suis tombée follement amoureuse d'un musicien», nous a raconté Marlo, une jeune femme de trente-cinq ans, assistante d'un membre du Congrès à Washington. «Geoff était un merveilleux violoncelliste qui ne vivait que pour la musique. Bien entendu, il n'avait guère de temps à me consacrer.» Marlo a fidèlement suivi Geoff, de concert en concert, assise au fond de la salle, les yeux perdus dans le vague. «Je voulais me persuader qu'il ne jouait que pour moi.» Pendant six mois, elle a transporté ses partitions, s'est assise près de lui au cours des répétitions et a organisé sa vie en fonction de celle de son compagnon.

Quant à Geoff, il n'a jamais manifesté le moindre désir de participer avec Marlo aux discussions politiques auxquelles elle assistait. Il ne posait aucune question sur ce qu'elle faisait lorsqu'elle n'assistait pas aux répétitions. «Je lui trouvais des excuses. Sa musique était tout pour lui. Elle est du reste devenue tout pour moi... du moins pendant un certains temps. Puis j'ai compris qu'il était tout simplement égoïste. Ma tante m'avait dit: «Ne tombe jamais amoureuse d'un artiste. Ils sont mariés à leur art.» J'étais trop amoureuse pour l'écouter. Mais elle avait raison. Ce n'est peut-être pas vrai de tous les musiciens, mais c'était certainement vrai dans le cas de Geoff. J'ai alors décidé de rompre.»

Peu après la rupture, Geoff a épousé une de ses étudiantes. Contrairement à Marlo, elle se contentait de la deuxième place dans la vie de son mari. Elle est devenue une «groupie» à vie. «Elle le suivait partout, faisait ses courses, enduisait son archet de colophane. Elle était prête à jouer un rôle secondaire durant toute sa vie. C'est peut-être ce qu'elle attend de la vie mais, personnellement, ça ne me convient pas du tout.»

Il arrive parfois que des femmes qui ont véritablement besoin d'intimité passent leur vie avec des hommes qui sont incapables de leur en donner. Parce qu'elles compatissent aux problèmes de leur compagnon, parce qu'elles ne veulent pas abandonner la lutte ou simplement parce qu'elles ne savent que faire d'autre, elles passent leur vie à livrer bataille sans jamais gagner. Heureusement, d'autres se rendent compte très tôt de la futilité de leurs tentatives. Une femme que nous nommerons Sarah a été parmi les plus chanceuses: David a été le premier et le dernier solitaire de sa vie sentimentale.

Elle l'avait rencontré à Princeton, où tous deux étudiaient la physique en plus d'appartenir à un club gastronomique, le Stevenson Hall. Les clubs, tout comme les fraternités, développent leur image de marque avec le temps et le Stevenson n'était pas un club princetonien typique. Il n'y avait pas de cerceaux de croquet sur la pelouse, personne ne portait de pantalons blancs au printemps (les membres du club étaient-ils conscients du changement des saisons?) et les chapeaux de paille appartenaient à une autre planète. Au Stevenson, on comptait plus de calculatrices au mètre carré que de tricots Lacoste, et l'épisode quotidien de *Patrouille du Cosmos* attirait davantage de spectateurs que le match du dimanche. En bref, le Stevenson était le lieu de rencontre favori des solitaires de Princeton.

Ce que Sarah se souvient de David tient en un paragraphe. Il étudiait la physique et si l'on en croyait les rumeurs qui couraient au Stevenson, il était le savant le plus brillant qui eût foulé le sol des laboratoires de Princeton depuis Albert Einstein. Lorsque David ne travaillait pas (et peut-être aussi lorsqu'il travaillait), il déambulait avec des chaussures non lacées et un regard complètement absent. Le Stevenson ne manquait pas de gens qui jouaient le rôle du scientifique distrait. Les membres adoraient l'image du non-conformiste inconscient. Mais David ne jouait aucun rôle. Son esprit était véritablement ailleurs. Il était le type parfait du solitaire, irrémédiablement marié à ses propres pensées.

La seule femme qui ait réussi à se frayer un chemin au coeur de ses pensées a été Sarah. Elle avait quitté son foyer de Montclair, au New-Jersey, pendant ses études secondaires car l'autorité parentale lui compliquait la vie. Elle-même plutôt solitaire, elle avait loué un appartement et travaillait de nuit pour un journal new-yorkais, tout en poursuivant le jour ses études à Montclair. À Princeton, elle était devenue membre du Stevenson en partie parce que la nourriture y était bonne et peu coûteuse mais surtout parce que c'était le club le moins mondain de l'avenue Prospect. Personne ne prenait la peine d'engager la conversation à table ni de faire des efforts pour nouer des relations. Une étudiante fort occupée pouvait donc y manger tranquillement et en peu de temps.

Bien que Sarah eût justement été bien trop occupée pour remarquer ce qui se passait au Stevenson, elle avait remarqué David. Elle connaissait sa réputation et se sentait fascinée non seulement par son intelligence exceptionnelle mais aussi par le défi que représentait son côté inaccessible. Derrière le voile d'indifférence et d'égocentrisme qui enveloppait la majorité des membres du Stevenson, David avait lui aussi remarqué Sarah. Leur première conversation, à l'heure du déjeuner, s'était limitée à quatre ou cinq phrases mais, selon les critères des membres du Stevenson, il s'agissait déjà d'un dialogue platonique. Sarah s'était sentie suffisamment audacieuse pour adresser la parole à David au cours du repas suivant.

Peu à peu, elle s'était mise à fréquenter plus assidûment le Stevenson et y demeurait de plus en plus longtemps en compagnie de David. Elle l'avait emmené au cinéma, où il n'était plus allé depuis son enfance. Ils avaient passé une fin de semaine à New York. Ils se retrouvaient dans le laboratoire de David.

Trois mois plus tard, David et Sarah ont brusquement cessé de se voir. «J'ai essayé de le faire sortir de sa coquille, nous a-t-elle expliqué, mais j'ai fini par me rendre compte que la coquille était vide.

«Je réagis très violemment lorsqu'un homme veut m'empêcher de pénétrer dans son intimité. David était ainsi et rien ne semblait pouvoir l'inciter à changer. Après tout, on ne peut pas passer sa vie à rassembler ses forces en vue d'un nouvel assaut.»

Sarah venait d'une famille de femmes (trois soeurs et une mère), toutes très «fermées». Elle n'avait jamais accepté le stéréotype selon lequel les femmes sont «ouvertes» et les hommes «fermés». Elle ne savait qu'un chose: tous les membres de sa famille étaient «fermés». «Ma mère hurlait: «Mais je ne suis pas en colère!» Elle ne voyait pas l'énormité de son attitude. Les membres de ma famille n'exprimaient pas leurs émotions. Sauf la colère, bien sûr. Tout était caché. Je disais parfois aux gens: «Il y a un éléphant dans notre salle de séjour mais il est caché sous la moquette. Il forme une énorme bosse mais ma famille jure que le plancher est parfaitement lisse.

«Je suppose que j'ai été attirée par David parce qu'il présentait les mêmes traits de caractère que les membres de ma famille. Mais j'ai vite découvert qu'il était véritablement fermé. Et j'ai également découvert que je n'arrive pas à considérer comme des êtres humains les gens incapables de se montrer vulnérables. Je peux travailler avec eux. Mais je ne peux pas avoir des relations plus profondes. Sur le plan personnel, ce n'est pas facile. Ils sont incapables de partager leurs expériences avec vous.

«Personnellement, je crois qu'il existe des hommes si fermés que personne ne peut les inciter à s'extérioriser. Les efforts de toute une vie ne suffiraient pas. J'essaie de ne pas me laisser prendre par ce genre d'hommes. Chat échaudé craint l'eau froide! Je suis soulagée d'avoir appris cela si tôt et de n'en avoir pas souffert.»

Les conseils de Sarah peuvent être utiles à toutes les femmes qui vivent ou croient qu'elles vivent avec un solitaire: aucun homme n'est totalement inaccessible, mais certains hommes sont si distants sur le plan affectif que les efforts nécessaires pour les faire descendre de leur tour d'ivoire n'en valent pas toujours la peine. «Je suis d'accord avec Lena Horne, nous a dit Sarah. Si votre homme est trop froid, laissez-le donc geler.»

L'ergomane

Remettez la relation en question

Pour des millions d'hommes (et de femmes), le travail est le commencement et la fin de toute passion. Plusieurs femmes peuvent compter sur leurs doigts les symptômes de l'ergomanie: l'homme est debout à l'aube, il prend son petit déjeuner d'un air absent, il passe des journées entières dans un monde inaccessible, il ne répond pas aux messages successifs que sa femme confie aux secrétaires, mais il téléphone vers cinq heures pour dire: «Je ne rentrerai pas dîner.» Vers neuf, dix ou onze heures, parfois plus tard, la porte s'ouvre. Le téléphone sonne souvent au milieu de la nuit ou au cours de ce rare dimanche qu'il passe à la maison, interrompant ainsi les activités familiales. Les vacances sont annulées ou raccourcies. Et toujours, même au lit, l'homme demeure obsédé par son travail.

La description du perfectionniste fournie par Karen Horney peut aussi s'appliquer à l'ergomane: «Le perfectionniste est obsédé par la gloire, poursuivant sans relâche ses ambitions... Son intelligence et sa volonté lui permettent de réaliser son idéal personnel.»

À la poursuite de cet idéal, l'ergomane en vient à oublier son «moi véritable», ce qui le rend totalement fermé à toute tentative d'intimité. «L'ergomane, affirme Lotte Bailyn, du Massachussets Institute of Technology, est la victime d'une maladie récemment reconnue et apparemment responsable de la désintégration de la famille et d'une grave distorsion de la personnalité.»

L'intimité exige du temps mais le budget temps des ergomanes est sérieusement déficitaire. «La plus grande tragédie de l'existence», nous a confié un avocat apparemment décontracté mais en réalité obsédé par son travail, «est que chaque jour ne compte que vingt-quatre heures.» Cependant, tout en se plaignant de sa charge de travail et du peu de temps dont il dispose, l'ergomane se complaît dans le surmenage. Son travail acquiert une telle dimension dans sa vie que les êtres humains ne deviennent que de simples noms inscrits dans son agenda. L'importance et l'attention qu'il leur accorde dépendent entièrement de son ordre du jour.

Lorsque sa compagne lui pose des questions sur son travail, il les court-circuite: des détails ne sont pas censés poser des questions sur d'autres détails. Les femmes ne sont pas des collègues mais des employées qui ont besoin d'instructions et de conseils parternels. Elles ne méritent ni respect ni intimité. «Les hommes dont la vie professionnelle est la plus réussie, soit les ergomanes, ne sont pas «branchés» sur leur vie personnelle», affirme le Dr Sol Landau, directeur de la fondation Mid-Life Services, du comté de Dade en Floride. Le Dr Mortimer R. Feinberg, psychologue new-yorkais, qualifie les ergomanes de «bigames» car ils s'intéressent souvent davantage à leur entreprise qu'à leur épouse.

L'ergomane «grave» mène souvent une vie couronnée de succès sur le plan professionnel de pair avec une vie remplie d'échecs sur le plan personnel. Un cadre d'une compagnie faisant partie de la liste des «500» de la revue *Fortune* nous a parlé de la relation que son supérieur, président-directeur général de la compagnie, entretenait avec son épouse qui vivait à ses côtés depuis plus de trente ans: «Il était tellement fier d'avoir pu lui offrir tout ce qu'elle désirait: une résidence magnifique à Greenwich, une garde-robe exceptionnelle, un court de tennis et une piscine, des domestiques, une voiture avec chauffeur, tout...

«Mais elle était malheureuse. Il partait pour le travail à cinq heures trente du matin, six à sept jours par semaine et ne rentrait jamais avant dix heures du soir. Il lui arrivait même de passer la nuit dans l'appartement de la compagnie, à Manhattan. Il ne se rendait pas compte qu'elle était malheureuse, qu'elle était seule et qu'elle s'ennuyait.» À l'instar de nombreux ergomanes, il a donné à sa femme tout ce qu'elle pouvait désirer à l'exception d'une chose: lui.

Comment un ergomane peut-il apprendre à s'extérioriser? Dans quelles circonstances consentira-t-il à interrompre sa course effrénée contre lui-même afin de regarder autour de lui et de remarquer qu'il n'est pas seul sur la planète? Qu'est-ce qui peut lui faire comprendre les besoins de ceux qui l'aiment et son propre besoin d'être aimé?

Malheureusement, l'ergomane a souvent trop de succès. Sa réussite sur le plan professionnel l'empêche d'exprimer l'anxiété, la mélancolie et l'ennui. Comme l'explique Horney, «il élimine efficacement toutes traces d'incertitude». Parce qu'il se dissocie avec succès de ses véritables sentiments, l'ergomane type ne regarde ses problèmes en face que s'il est contraint de le faire.

Le plus souvent, seule une crise d'envergure ou une interruption du rythme effréné de sa vie force l'ergomane à l'introspection. Il est obligé de faire le point sur sa vie, sur lui-même, sur son rôle et sur ses relations avec autrui. «Seule une grave crise peut inciter l'ergomane à réfléchir sur son problème», déclare le Dr Marilyn Machlowitz dans *Workaholics*.

Bien que la crise puisse revêtir plusieurs formes — le décès d'un être aimé, un changement important dans la vie professionnelle, une grave maladie, etc. —, la forme la plus commune est l'effondrement, ou la menace d'effondrement, d'une relation affective. Un magazine féminin a récemment interrogé des hommes «ouverts» pour connaître les événements ou les personnes qui avaient déclenché le processus de leur ouverture. La réponse la plus fréquente a été: «Une grave crise sentimentale et/ou professionnelle.» Aussi cruel que cela puisse paraître, de nombreuses femmes ont découvert que le seul moyen d'inciter un ergomane à s'extérioriser consiste à le mettre au pied du mur en remettant la relation en question.

Histoire de réussite à l'américaine

Voici comment un homme «fermé» a réussi à s'extérioriser. Jusqu'à il y a environ quatre ans, les amis de Dan le considéraient comme le héros d'une histoire de réussite à l'américaine. Doté d'une forme athlétique exceptionnelle, Dan avait répondu aux aspirations de son père, entraîneur de base-ball dans une école secondaire: celui-ci avait décidé, pendant que sa femme accouchait, que son nouveau-né serait un joueur de base-ball professionnel.

Pendant quelque temps, Dan a brillamment réussi dans la vie qu'on avait choisie pour lui. Il est devenu capitaine de l'équipe universitaire tout en obtenant des notes assez satisfaisantes pour être admis à une prestigieuse faculté de droit. Dan désirait *avant tout* réussir. Il se souciait peu de son «moi véritable», qu'il aurait volontiers échangé contre l'assurance de monter toujours plus haut.

L'énergie de l'ergomane est aussi inconstante que la libido. La forme qu'elle revêt est généralement accidentelle car l'ergomane typique peut être obsédé par n'importe quelle activité vers laquelle les circonstances le dirigent, qu'il s'agisse d'une fusion entre deux compagnies ou de la confection de pâtes alimentaires. Lorsque Dan est sorti de l'université avec son diplôme en poche, il a orienté l'énergie qu'il consacrait habituellement au sport vers la pratique du droit, sans même prendre le temps de souffler.

Au contraire, il a redoublé d'énergie. Ce qui aurait pu passer pour de la détermination était en fait une obsession. Après avoir été rédacteur en chef du journal de la faculté de droit, il a décroché un emploi administratif auprès d'un juge de district à San Francisco. Puis il s'est joint à un petit mais prestigieux bureau d'avocats spécialisés dans le droit des sociétés, à Los Angeles. Au cours de sa première année, il a travaillé durant plus d'heures que ses collègues (une moyenne de soixante-quinze heures par semaine) et n'a pas tardé à devenir l'un des associés de ce bureau d'avocats. Il a fêté l'événement en faisant installer un salle de bain avec douche près de son bureau afin de rendre plus confortables ses fréquentes orgies nocturnes de travail.

La plupart de ses collègues considéraient son amour du travail d'un oeil favorable mais sa femme, que nous appellerons Susan, portait un jugement plus mitigé. Comme beaucoup de femmes mariées à des hommes heureux sur le plan professionnel, elle se réjouissait de son succès mais regrettait de ne le voir que rarement. Au cours des premières années de leur mariage, elle avait espéré que Dan changerait, qu'il se décontracterait un peu et qu'il prendrait le temps de s'occuper un peu d'elle. Elle voulait avoir des enfants, mais n'arrivait pas à être enceinte. Chaque nouvelle victoire de Dan faisait naître en lui de nouvelles ambitions, déclenchait de nouvelles batailles, accroissait la concurrence professionnelle et faisait de Susan une femme un peu plus seule.

Malgré elle, Susan a commencé à se demander si Dan et elle se sentiraient un jour aussi proches qu'à l'époque, déjà lointaine, où il avait travaillé avec tant d'acharnement à se faire aimer d'elle. «Bien sûr, notre mariage avait l'air parfait, dit Susan. Quelle femme n'aurait pas été comblée: Dan est beau, ambitieux, intelligent. Combien de fois peut-on dire «non, merci» à un homme comme lui?»

Pourtant, Susan n'avait aucune difficulté à dire «non, merci» aux longues journées et, parfois, aux longues nuits que son mari passait loin d'elle. «Moi aussi je travaillais, mais ça ne m'empêchait pas de lui consacrer du temps. Après chaque gros contrat, je me disais que ça irait mieux.» Susan s'illusionnait. La situation empirait. Finalement, elle a décidé de remettre en question les fondements mêmes de leur relation. Dan l'aimait-il? Aimait-elle Dan? Avaient-ils une véritable vie commune?

Chaque fois qu'elle effleurait le sujet de leur éloignement progressif, Dan se moquait de ses inquiétudes. Son attitude était typique: ce n'était qu'une autre des «petites crises» de sa femme qui passerait comme avaient passé les autres. Cependant, accumulant blessure sur blessure, Susan finit par comprendre qu'elle était à bout. «C'était lui ou moi. S'il ne changeait pas, je le quitterais. Je n'en pouvais plus.»

Lorsqu'elle en vint à ne plus pouvoir exprimer sa douleur à son mari, Susan décida de le quitter. «Si je n'avais pas eu sérieusement l'intention de partir, il ne m'aurait pas prise au sérieux. Il aurait balayé toute l'affaire en la qualifiant de «petit caprice.»

Susan a annoncé à Dan qu'elle partait, a fait sa valise et s'est empressée de quitter les lieux. Dan s'est effondré. Comme la plupart des ergomanes qui ont à faire face à un problème très grave, il a ressenti l'échec pour la première fois de sa vie. Il a subi ce que tous les «perfectionnistes» subissent, selon Karen Horney, lorsque la tragédie les rattrape: «Tout malheur, tel la perte d'un enfant, un accident, l'infidélité de l'épouse ou la perte d'emploi, peut amener cette personne apparemment équilibrée au bord de l'effondrement total. Non seulement ressent-il l'injustice de la situation mais encore est-il ébranlé jusqu'au plus profond de son être. Son système de valeurs est entièrement anéanti et le spectre de l'impuissance totale se dresse devant lui.»

Ergomane typique, Dan n'avait jamais compris à quel point il dépendait de Susan. En dépit de son apparente indifférence et de son manque d'attention envers Susan, il avait besoin de son soutien inconditionnel pour entretenir l'illusion de sa perfection et de sa maîtrise de soi. En le quittant, elle l'a forcé à regarder en face les vérités qui avaient jusque-là été commodément voilées par son succès: il avait besoin d'elle autant sinon plus qu'elle avait besoin de lui; il était incapable de vivre sans elle. C'était pour Dan le constat d'un échec. Ce dernier aveu, celui de sa propre imperfection, de son échec, est le plus douloureux qui soit pour un ergomane. Dan avait toujours considéré la relation avec sa femme comme quelque chose d'acquis. C'est seulement lorsqu'il s'est retrouvé seul qu'il a compris qu'une relation devait être régénérée chaque jour.

Susan s'est rendue chez sa soeur, où elle a pleuré toute la journée. Le lendemain, elle a pris une décision: plus de larmes. «Ma soeur pensait qu'il était préférable que je tourne la page, se souvient-elle. Cette idée m'a d'abord plu. J'avais pris ma décision et j'en étais assez fière. Je me disais: «Je suis invincible» et toutes sortes de bêtises de ce genre. Personne n'est invincible. J'ai joué à *Wonder Woman* pendant quelques semaines avant de me rendre compte que j'étais vraiment malheureuse.»

À ce moment-là, une lettre de Dan est arrivée. Il reconnaissait ses torts et la suppliait de revenir. «Cette lettre ne ressemblait pas du tout à Dan, car ce n'était pas son genre d'admettre qu'il avait tort. Je savais à quel point il avait dû souffrir en l'écrivant.»

L'attitude de l'ergomane qui est aux prises avec un problème très grave dépend en premier lieu des réactions de son entourage face à l'expression de sa vulnérabilité. Dan, en écrivant cette lettre à Susan, lui avouait pour la première fois: «J'ai besoin de toi, je ne suis pas assez fort pour vivre sans toi.» L'aveu de sa faiblesse a été déterminant. Dan tendait la main, de la seule manière qu'il connaissait et qui, selon lui, provoquerait une réaction chez Susan.

Susan a ensuite connu une période d'incertitude et d'anxiété, mais l'espoir lui a permis de remonter la pente. «Que pouvais-je répondre? Il me demandait de l'aider et, pour Dan, c'était une prière des plus pénibles.» À partir de ce moment-là, Susan a su qu'elle répondrait aux prières de son mari. Mais comment allait-elle s'y prendre?

Acceptez son besoin de travailler

Reconnaître l'asservissement d'un ergomane est, d'après un psychologue de New York, un important pas en avant. Dan est sorti de la crise conscient des besoins de sa femme, mais Susan a aussi pris conscience des besoins de son mari, de son besoin compulsif de travailler et de réussir. Susan a compris que profondément enfoui sous la personnalité de son mari se trouvait un petit garçon anxieux de recevoir l'approbation et les louanges de ses professeurs. Elle a également compris que le besoin de réussite de Dan était un aspect de sa personnalité qui l'avait attirée au départ et dont il ne pourrait jamais sc débarrasser.

Beaucoup de femmes sont profondément déconcertées devant l'amour démesuré de leur mari pour le travail. Elles ne savent pas comment supporter la solitude, la séparation, le sentiment de ne venir qu'en deuxième place dans la vie de l'homme. Ces préoccupations les empêchent de considérer l'ergomanie de leur mari comme un aspect capital de sa personnalité et de son pouvoir de séduction. Il est fréquent qu'une femme soit attirée par un ergomane justement *parce qu'il est ergomane*. Si votre mari en est un, essayez d'imaginer ce que serait la vie avec un homme qui travaillerait sagement de neuf à cinq.

«J'ai fréquenté Rodney pendant huit mois, nous a confié Jennifer, diététicienne à New Canaan (Connecticut), avant de commencer à être jalouse de son travail. Le soir, je voulais aller manger au restaurant, aller au cinéma. Tout ce qu'il voulait, c'était travailler dans son laboratoire.» Jennifer a donc rompu avec lui et a rencontré un autre homme qui, au départ, lui a semblé présenter toutes les qualités qu'elle recherchait chez un homme. Il était toujours prêt à sortir. Il travaillait pour une chaîne d'hôtels, détestait son emploi et n'en parlait jamais. Jennifer n'a pas tardé à comprendre pourquoi. «Il ne détestait pas seulement son travail, il détestait tout. Tout l'ennuyait et il était lui-même ennuyeux. Je n'ai pas tardé à regretter l'enthousiasme de Rod. Il n'a peut-être pas envie d'aller au cinéma, mais au moins il aime ce qu'il fait.»

Essayez de devenir
un élément de son travail

Lorsqu'un homme est totalement absorbé par son travail, le meilleur moyen de l'approcher consiste à devenir un élément de sa vie professionnelle. L'homme et la femme qui travaillent ensemble sont particulièrement chanceux. Les mariages les plus réussis reposent souvent sur une réalisation commune sur le plan professionnel. Travailler ensemble fournit une source inépuisable de problèmes à analyser, de questions à discuter et de possibilités à étudier.

Lorsque les deux membres du couple doivent travailler séparément, la meilleure solution consiste à s'intéresser au maximum à la carrière de son conjoint. «Il est intéressant, affirme un expert, de voir comment les membres de la famille réagissent lorsqu'ils pénètrent dans le monde professionnel de l'ergomane.» Cela entraîne la visite du lieu de travail et la présentation des collègues. L'épouse d'un ergomane devrait également s'efforcer d'accompagner de temps à autre son mari lors de voyages d'affaires. «Dans la mesure où son propre emploi du temps le lui permet, bien sûr, ajoute l'expert. Mais même un enfant peut s'absenter de l'école un jour ou deux pour accompagner ses parents en voyage.»

Bernice, une femme d'une quarantaine d'années qui vit à Tulsa, en Oklahoma, nous a relaté son expérience du monde professionnel de son mari. «Tom, propriétaire d'une entreprise de tuyauterie à Tulsa, mange, dort et respire pour son travail, nous a-t-elle expliqué. Il s'y connaît sans doute mieux que quiconque en tuyauterie.» Lorsque Bernice a épousé Tom, il y a vingt ans, elle était passionnée par les arts, notamment par le cinéma de répertoire.

«Je me fichais pas mal des tuyaux, et tout ce qui pouvait les concerner me paraissait ennuyeux. Mais j'étais heureuse que Tom réussisse bien dans la vie. Quant à lui, il n'aimait, en matière de cinéma, que les films de Burt Reynolds. C'est pourquoi pendant quelques années, nous avons vécu chacun de notre côté. Nous ne nous rencontrions pas très souvent.» Exaspérée, désireuse de faire quelque chose d'utile, Bernice a obtenu un emploi bénévole à titre de gérante de boutique dans un hôpital. Son travail lui a permis d'apprendre les rudiments des affaires. Peu à peu, elle s'est intéressée au travail de Tom.

«Nous avons commencé par parler affaires, puis la conversation s'est orientée vers toutes sortes de sujets différents que nous n'avions jamais abordés auparavant.» Pour Bernice, apprendre à parler affaires a été comme jeter un pont entre deux îles. Toutes sortes d'échanges ont ensuite été possibles.

Apprenez à l'ergomane à s'amuser

Un ergomane peut parfois consentir à abandonner temporairement son obsession pour se divertir. Bien que cela lui soit difficile, une fois le premier pas accompli, il apportera au jeu la même ardeur qu'il apporte à son travail. «Mon mari est aussi fanatique lorsqu'il joue au golf que lorsqu'il travaille», nous a raconté une femme mariée à un avocat ergomane de New York. «Il brise ses crosses, se met en colère contre ses balles, essaie de corrompre le marqueur et rend les caddies complètement fous. C'est un travail comme un autre, pour lui.»

Une façon d'intéresser l'ergomane consiste à choisir des formes de divertissement qui peuvent être considérées comme des projets. Il aura ainsi l'impression de réaliser quelque chose de concret, tout en s'amusant. Une femme a ainsi offert à son mari ergomane un livre sur la fabrication artisanale du pain, quelques kilos de farine et de la levure pour son anniversaire. Ils font maintenant du pain ensemble tous les samedis matin. Une autre épouse, qui appris que son mari avait aimé le camping dans son enfance, organise des voyages vers les endroits les plus agréables de la côte est. Ils passent aujourd'hui de longs et délicieux moments sous la tente et projettent constamment de nouvelles expéditions.

Une autre femme, mariée elle aussi à un homme obsédé par son travail, a décidé de devenir elle-même l'un des «projets» de son mari. Très tôt, elle lui a fait comprendre que ses besoins et son avenir étaient aussi très importants, et que le fait qu'elle fût mariée à un célèbre producteur de Broadway n'y changeait rien. À la grande surprise des amies de sa femme, le mari téléphonait depuis la côte ouest, non pour lui parler de la vedette qui venait de signer un contrat, mais pour s'informer des cours de dessin qu'elle suivait au musée. Elle est ensuite devenue dessinatrice professionnelle et, à son tour, s'est mise à téléphoner à son mari depuis la côte ouest. Leurs relations n'ont toutefois pas changé. Elle disposait de l'attention de son mari, tout en poursuivant une brillante carrière. Bien que son ergomane d'époux travaille presque vingt-quatre heures par jour, elle est toujours l'un de ses projets en cours. Et il est l'un des siens.

Devenez indépendante

Pour rompre le cycle de l'espoir et de la déception, l'épouse s'aperçoit souvent qu'elle doit mener une vie indépendante et assez épanouissante pour lui éviter de craindre la solitude.

«Prévoyez que vous disposerez de beaucoup d'heures de solitude, conseille un psychologue. Cela veut dire que vous aurez du temps pour vous distraire, pour travailler ou pour voir les amis qui ne plaisent pas à votre conjoint ergomane. Les centres d'intérêt et l'indépendance sont les piliers de l'existence de toute femme qui envisage d'épouser un ergomane.» Si l'homme et la femme travaillent tous les deux, ils peuvent prendre part à l'accomplissement de leur conjoint sur le plan professionnel.

La femme qui vit avec un ergomane a besoin d'avoir ses propres obsessions. Les ergomanes ne deviennent jamais des maris indulgents et pantouflards et, s'ils le devenaient, leurs épouses en seraient les premières déçues. Mais ces femmes peuvent aider leurs compagnons à éviter ce que l'une d'entre elles a appelé «le triangle des Bermudes» de l'ergomanie, c'est-à-dire l'obsession totale et envahissante qui élimine toute chance d'intimité.

La thérapie

Lorsqu'une intervention extérieure s'impose

Chez certains couples, la méfiance est si envahissante qu'elle devient difficile à éliminer. Au lieu d'exprimer leurs sentiments puis de réagir en conséquence, ils posent leurs conditions et se condamnent mutuellement. Chaque nouvelle tentative pour résoudre un problème échoue de la même manière. Chaque nouvelle conversation ressemble étrangement aux conversations précédentes. Dans de telles circonstances, il est préférable de réclamer l'aide d'une personne objective, capable d'aider le couple à déterminer les causes du manque de communication et les moyens de rétablir les liens.

Le Dr Lewis Long a été l'un des nombreux experts à avoir recommandé une intervention extérieure, mais pas nécessairement professionnelle. «Le problème de plusieurs couples est d'avoir établi leur relation sur une base trop étroite: deux personnes, soit le mari et la femme. Nous avons presque tous besoin d'être aidés, stimulés ou guidés par des personnes de l'extérieur. L'aide ne doit pas nécessairement venir d'un thérapeute. Elle peut émaner d'un membre de la famille, d'un prêtre, de n'importe qui, du moment qu'il s'agisse d'une personne de l'extérieur.»

«Les couples confient à leur thérapeute, nous a expliqué un homme appelé Jordan, des choses qu'ils ne se diraient pas s'ils étaient seuls. Le thérapeute m'a dit des choses que Marsha m'avait déjà expliquées mais que je n'avais pas crues. Lorsque c'est *lui* qui les a dites, elles m'ont paru plus faciles à accepter parce qu'elles venaient d'une tierce personne. Le thérapeute est une sorte d'arbitre, il a le droit de vous dire: «C'est comme ça et pas autrement.»

L'histoire d'un homme «fermé»

Robert et Lynn, l'un des couples qui ont accepté de chercher de l'aide à l'extérieur, ont découvert que la voie de la confiance, de la valorisation de soi et de l'extériorisation était remplie de surprises. Depuis toujours, Robert refoulait une partie de lui-même. Sa chambre, tout comme sa vie, était des plus ordonnées. Sur sa commode, un peigne, un rasoir, une bouteille de lotion après-rasage et un flacon de talc étaient rangés de façon symétrique.

Pourtant, la vie intérieure de Robert était loin d'être aussi ordonnée. Son père, fils d'immigrants polonais, était policier à Hampden, un quartier ouvrier de Baltimore. Sa mère, tout comme son père, n'avait jamais terminé ses études secondaires. Elle travaillait dans une grande boulangerie industrielle, pétrissant la pâte qui deviendrait les petits pains servis dans les grands restaurants de Baltimore où Lynn, en sa qualité d'avocate, invitait ses clients.

Robert était embarrassé par l'existence même de ses parents, par leur classe sociale, leur origine, leur manque d'instruction, leur mode de vie et par le genre d'emploi qu'ils avaient. Il réussissait toujours à éviter les questions qu'on lui posait sur sa famille. Trop honnête pour mentir, mais trop embarrassé pour dire la vérité. Lorsqu'on insistait, il avouait que son père était policier, comme s'il eût avoué une faute grave.

Robert, comme beaucoup de gens, désirait les choses qui lui avaient été refusées dans son enfance. «Le sentiment d'infériorité, d'impuissance ou d'insécurité détermine les objectifs que se fixe un individu», écrit le Dr Alfred Adler dans *Connaissance de l'Homme*. «La tendance à vouloir occuper le devant de la scène, à monopoliser l'attention des parents se fait sentir dès les premiers jours de la vie.»

Dès que possible, Robert a cherché à se faire des amis parmi les riches ou les bien nés. À son entrée au collège Amherst, il est devenu membre des clubs les plus en vue, s'est mis à fréquenter les endroits à la mode et les gens qui pouvaient avoir une influence bénéfique sur son avenir. Il adorait la compagnie de personnes distinguées dont les connaissances en art, en musique et en d'autres domaines reflétaient les aspirations de son être idéalisé. Il a appris à parler français et à décrire avec éloquence les qualités d'une bonne bouteille de vin. Il mourait d'envie de voyager afin de pouvoir parler avec détachement des endroits les plus exotiques de la terre.

Parvenu à la faculté de médecine de Johns Hopkins, il a rencontré la femme de ses rêves. Lynn était la fille d'un éminent avocat de San Francisco, descendant d'une vieille famille riche de Nob Hill. Elle a invité Robert chez ses parents, dans la demeure familiale qui surplombait la baie de San Francisco; entouré de porcelaine et d'argenterie, Robert s'est entretenu de littérature avec la mère de son élue en pensant qu'il était bien loin de la maison semi-détachée de ses parents, à Baltimore.

Une fois marié à Lynn, Robert s'est dit qu'il avait tout ce qu'il avait désiré: la situation sociale et la «classe» qu'il recherchait depuis longtemps, une carrière prometteuse et une femme aimante. Pourtant, au fond de lui-même, il se considérait toujours comme le fils d'un flic polonais. Sa réussite n'a fait qu'accroître son sentiment d'insatisfaction. Il expliquait ses problèmes en disant: «Je ne mérite pas ce que j'ai.»

Même avant le mariage, Lynn savait que la vie avec Robert ne serait pas facile. «Je voyais bien comment il traitait les gens, se souvient-elle. Je savais qu'il pouvait être snob et condescendant, surtout lorsque nous étions en société. Mais dès que nous étions seuls, il changeait.» Au départ, Lynn a pensé que l'arrogance de son mari résultait de son insécurité passée. Elle croyait que plus il vieillirait, moins il se sentirait obligé de se valoriser aux yeux des autres. Malheureusement, c'est l'inverse qui est arrivé. Avec l'âge, Robert a senti son insécurité s'intensifier. Il est devenu de plus en plus difficile, de plus en plus condescendant, alors qu'il tremblait de crainte en réalité.

Lynn ne pouvait pas faire grand-chose pour résoudre ce problème. Jamais Robert n'aurait accepté d'avouer son sentiment d'insécurité. Sa façade d'arrogance se serait écroulée. Et même s'il avait accepté de l'avouer à quelqu'un, il n'aurait jamais accepté d'en parler à Lynn. «J'étais la dernière personne à qui il se serait confié. Mais j'étais aussi la seule qui vivait près de lui. Finalement, il ne s'est confié à personne.» Naufragé sur l'île de son mariage, Robert était incapable de communiquer avec son unique compagne.

À l'époque de sa première année d'internat, les longues heures de travail lui faisaient oublier ses problèmes. Lynn avait de son côté ses propres soucis: elle était enceinte. Robert travaillait jour et nuit tandis que Lynn avait de nombreuses amies qui lui permettaient de ne pas s'ennuyer. À l'époque où Robert a obtenu un poste prestigieux à l'Université Johns Hopkins, Lynn était enceinte pour la troisième fois et les deux conjoints étaient devenus deux étrangers.

À l'instar de nombreuses femmes mariées à des hommes fermés, Lynn a décidé d'abandonner provisoirement sa recherche d'intimité car ses besoins affectifs étaient pleinement satisfaits par ses trois enfants.

Cependant, avec l'entrée de son plus jeune à l'école primaire, Lynn a de nouveau fait face au problème de sa relation avec Robert. Les mêmes contrariétés refaisaient surface et elle se sentait coupable d'avoir ignoré les problèmes affectifs de son mari pendant si longtemps. Elle se rendait également compte que si elle n'entreprenait rien pour ramener l'harmonie dans leurs vies affectives, il ne lui resterait plus qu'à attendre, dans la solitude, que les enfants soient assez grands pour ne plus être traumatisés par l'éventualité d'un divorce.

Robert a résisté catégoriquement à sa femme qui voulait le persuader de consulter un thérapeute. Lynn a ensuite envisagé la menace d'un divorce, mais elle savait cette démarche impossible: les enfants étaient trop jeunes et elle les aimait trop pour leur faire subir une épreuve semblable. Finalement, sachant que Robert adorait ses enfants même s'il était incapable de leur consacrer du temps, Lynn a entrepris de se rapprocher de Robert non pas en invoquant ses propres besoins affectifs, mais plutôt ceux de ses enfants. Elle lui a expliqué que les enfants avaient besoin d'un père qui pût les soutenir et les aider, et a invité Robert à combler le fossé qui s'était creusé entre lui et eux avant qu'il ne fût trop tard. Elle n'a pas parlé de ses propres besoins. Bien qu'il se refusât à consulter un thérapeute, il a accepté d'assister à une rencontre de groupe organisée par la paroisse.

Au cours des deux premières séances, Robert s'est montré distant et soupçonneux. Pendant la troisième séance, l'animateur a demandé à Lynn de parler de son mari. Lynn s'est levée et a regardé Robert. Elle était toujours la femme la plus élégante et la plus gracieuse qu'il eût jamais connue et, lorsqu'elle s'est tournée vers lui, il a pensé: «Je ne la mérite pas.» Il ne s'était jamais senti aussi insignifiant et l'idée qu'elle était en train de lui échapper l'a cruellement saisi.

Lynn s'est mise à parler avec douceur, sans cesser de le regarder. «J'aime mon mari. Il compte plus pour moi que tout le reste.» Elle a poursuivi en expliquant qu'il était intelligent, travailleur, qu'il était un excellent médecin et qu'elle était fière d'être sa femme. Elle a parlé de ses beaux-parents: le policier, si fier de son fils qu'il avait toujours sur lui une photographie de Robert, prise le jour de la remise des diplômes, qu'il montrait aux commerçants lorsqu'il faisait sa ronde. Et sa mère qui avait calculé qu'elle devrait pétrir la pâte de dix mille petits pains pour payer une journée de l'instruction que son fils avait reçue, et qui disait qu'elle le ferait avec joie toute sa vie pour que son fils devienne médecin. «Je les aime, dit Lynn et j'aime ce que mon mari porte d'eux en lui.»

Elle a ensuite déclaré qu'elle était là ce soir parce qu'elle voulait sauver leur mariage. Elle voulait que son mari se sente à l'aise avec elle, qu'il n'hésite pas à s'extérioriser, à lui conter ses problèmes, ses doutes, son sentiment d'insécurité. Lynn a conclu en souhaitant qu'il abandonne le masque de tous les jours et qu'il la laisse l'aimer, *lui* et non l'homme qu'il s'imaginait devoir devenir pour mériter l'amour de sa femme.

Robert a été ému. Pour la première fois, il s'est rendu compte que sa femme l'aimait et le respectait. Il n'avait plus besoin de jouer un rôle. Bien sûr, aucun miracle ne s'est produit ce soir-là. Mais Robert a accepté d'aller consulter un thérapeute et pour

Lynn, c'était une immense victoire. «Avec le temps, dit-elle aujourd'hui, la vie est devenue plus facile. Il parle bien plus facilement. J'ai vraiment l'impression de partager sa vie. Il est plus ouvert et plus détendu, car il ne se croit plus obligé d'impressionner constamment les autres, ou moi-même.»

Les avantages de la thérapie

Bien que la plupart des hommes aient besoin d'aide pour surmonter leur anxiété, peu d'entre eux consentent à la réclamer, voire à l'accepter lorsqu'elle se présente spontanément. S'il s'agit d'une psychothérapie, la crainte de se confier peut être extrêmement forte chez l'homme. En général, c'est la femme qui, suivant l'exemple de Lynn, doit prendre la responsabilité de convaincre son conjoint qu'il a besoin d'être soigné par un professionnel. Le guide qui suit vise à aider la femme à franchir cette première étape. Ce n'est qu'un début, mais en thérapie, c'est toujours le premier pas qui coûte.

Qui devrait consulter un professionnel?

Presque tous les psychologues et psychiatres que nous avons consultés conseillent aux hommes incapables de surmonter leur crainte de la dépendance de recourir à une aide extérieure. Mais peu d'entre eux ont fait preuve d'enthousiasme à propos des bienfaits d'un traitement psychanalytique ou psychothérapeutique prolongé. Ces spécialistes estiment dans l'ensemble qu'un homme devrait consulter un psychanalyste ou un psychothérapeute seulement si ses problèmes sont très graves. Nulle solution ne doit être rejetée et il est possible que plusieurs solutions soient simultanément applicables. Cependant, la plupart des spécialistes recommandent les séances de conseils matrimoniaux aux couples qui désirent obtenir une aide extérieure.

«La psychothérapie, nous a expliqué un psychiatre newyorkais, doit être le dernier recours. Je recommande plutôt aux couples de participer à des séances de discussion, au cours desquelles des gens se réunissent pour parler d'un sujet donné, comme la sexualité conjugale, la vie du couple dont les enfants sont adultes, les problèmes posés par une carrière tardive, etc.» Tous les couples ont besoin de confier leurs problèmes de temps à autre. Un groupe de rencontres peut offrir à ceux qui ont cessé de communiquer la possibilité de discuter à l'aise de leurs problèmes.

Dans quels cas faut-il consulter un conseiller matrimonial?

La thérapie du mariage n'est pas aussi coûteuse ni aussi envahissante ou menaçante que la psychanalyse individuelle. Elle représente toutefois une étape importante et ne constitue pas toujours la solution idéale aux problèmes de communication du couple. Nous avons demandé au Dr Hal Arkowitz, professeur de psychologie à l'Université d'Arizona et psychothérapeute, dans quels cas le couple doit recourir à une aide professionnelle.

«Si l'un des deux partenaires se demande si le couple a besoin de l'aide d'un professionnel, il devrait planifier une rencontre avec un thérapeute.» En général, la femme prend conscience la première de la gravité de la situation et c'est elle qui devra rendre visite au thérapeute. Mais il serait préférable qu'elle fasse part à son compagnon de sa décision et qu'elle lui demande de participer. «Cette première rencontre, poursuit le Dr Arkowitz, se compare à l'examen préliminaire du médecin. Vous dites au thérapeute: «Voilà, nous avons tel et tel problème. Pensez-vous que nous avons besoin d'aide? Ou estimez-vous que nous sommes capables de résoudre nous-mêmes nos problèmes?»

Il est rare qu'un couple consulte un conseiller matrimonial s'il n'y a pas de crise. «En général, seule une crise peut inciter les gens à modifier leur comportement, affirme la conseillère matrimoniale Marcha Ortiz. Nous avons toujours honte d'aller consulter un professionnel, ou même de demander de l'aide à un proche. Les gens viennent nous consulter lorsque la situation est grave et que l'enjeu est important. En général, cet enjeu ce sont les enfants. Il se peut que les enfants aient des problèmes à l'école, qu'ils aient commis des actes de délinquance ou qu'ils consomment de l'alcool. Il arrive aussi que l'un des parents ait une liaison ou qu'il soit alcoolique. Toutes sortes de choses peuvent détruire l'équilibre du couple et c'est à ce moment-là que les deux partenaires songent à réclamer de l'aide. Très peu de gens réclament spontanément notre aide.»

Comment inciter l'homme à suivre un traitement?

La plupart des hommes refusent l'aide d'un professionnel s'ils pensent qu'ils sont responsables du problème. «Je soigne beaucoup de couples, nous a expliqué un psychologue du Middle-West. L'un des griefs que j'entends le plus souvent est: «Mon mari refuse de s'extérioriser.» Mais je n'ai pratiquement jamais reçu la visite d'un mari qui se plaignait que sa femme était trop «fermée». C'est presque toujours l'inverse. Les hommes considèrent l'idée d'une thérapie d'un oeil plus favorable s'ils pensent que c'est leur femme ou leur enfant qui est responsable du problème. N'importe qui mais pas eux.»

Par conséquent, lorsqu'un compagnon résiste à toute idée de traitement, la femme doit éviter de lui dire qu'*il* a besoin de consulter un spécialiste. Au contraire, elle doit lui expliquer qu'*elle* a des problèmes, qu'*elle* a l'intention de demander de l'aide à un professionnel mais que le traitement ne peut réussir que si le conjoint apporte sa collaboration. «Demandez-lui son aide, affirme Cese MacDonald. Une relation comporte deux personnes et pour qu'elle s'améliore, les deux partenaires doivent collaborer. La femme est souvent obligée de dire à son compagnon qu'elle est perdue sans son aide et qu'elle a vraiment besoin de lui.

«Il arrive souvent que l'homme résiste au traitement simplement parce qu'il craint que le thérapeute prenne le parti de sa femme. Lorsque c'est l'épouse qui est entrée en contact avec un spécialiste, il serait judicieux que les deux partenaires aillent ensuite consulter un conseiller matrimonial ensemble, différent du premier. Personnellement, je leur fais comprendre que ce qui importe n'est pas de choisir tel ou tel spécialiste, mais bien d'obtenir de l'aide.»

Comment trouver un bon conseiller matrimonial?

Dans la plupart des États américains, les thérapeutes doivent obtenir une licence et un certificat. Les psychologues doivent avoir un doctorat et réussir un examen professionnel. Quant aux psychiatres, ils doivent être docteurs en médecine, avoir fait des stages en tant qu'internes et avoir obtenu un certificat reconnu par la corporation compétente. Dans certains États, on exige du candidat qu'il ait acquis une certaine expérience. Les travailleurs sociaux doivent être membres de la National Academy of Social Workers, et les «conseillers», bien que n'étant assujettis à aucune exigence particulière, doivent être agréés. Vérifiez auprès des autorités compétentes si la personne que vous consultez répond aux critères pertinents.

«Malgré cela, affirme le D\u{r} Arkowitz, vous pouvez toujours tomber sur des charlatans qui, en dépit de leurs certificats et de leurs diplômes prestigieux, ne sont pas à recommander à votre pire ennemi. Ce n'est pas qu'ils ne respectent pas la déontologie. C'est simplement qu'ils ne sont pas compétents en thérapie, qui est autant un art qu'une science.»

Le D\u{r} Arkowitz conseille donc de se renseigner sur l'expérience du spécialiste après avoir vérifié la qualité de sa formation. Il estime qu'il est préférable de choisir un thérapeute expérimenté et qui exerce sa profession depuis plusieurs années, plutôt qu'un spécialiste moins expérimenté qui est bardé de diplômes. «Obtenez l'opinion impartiale d'un professeur de psychologie d'une université de votre région ou de quelqu'un qui travaille dans un domaine connexe. Réduisez votre liste à deux ou trois candidats et prenez rendez-vous avec chacun d'eux. Il est possible que vous trouviez psychologiquement épuisant de raconter votre histoire à deux ou trois personnes différentes, mais le jeu en vaut la chandelle. Vous ne perdrez ainsi ni votre temps ni votre argent et vous aurez plus de chances de revigorer votre relation affective. Vous serez heureux d'avoir choisi un spécialiste en toute connaissance de cause. En outre, la plupart des thérapeutes donnent gratuitement la première consultation.»

Il existe d'autres formes d'aide: les groupes parrainés par les paroisses et les collectivités. Les séances sont gratuites mais leur efficacité dépend entièrement des compétences de l'animateur. Interrogez des couples qui ont déjà participé à ce genre de rencontre. Presque toutes les collectivités organisent des séances visant à aider les couples à vaincre les problèmes qui sont trop complexes pour être résolus «entre quatre murs».

Et s'il résiste toujours?

Mais que faut-il faire si le conjoint continue à refuser toute aide extérieure? «Parfois, le meilleur moyen consiste à convaincre l'homme qu'il a besoin d'aide parce que sa santé risque d'en pâtir, nous a expliqué un psychanaliste de New York. Il ne suffit pas toujours de lui dire: «Ta santé mentale est menacée.» Pour beaucoup de gens, les dommages psychologiques ne sont pas des dommages réels. Mais si vous expliquez à votre partenaire qu'en refusant d'exprimer ses émotions il risque de causer du tort à sa santé physique, il réagira peut-être de manière plus favorable. Compte tenu de l'importance qu'on accorde maintenant à la santé et à la forme physique, vous détenez là un argument solide.» Voici les résultats de quelques études entreprises par divers organismes. Ils provoqueront sûrement une réaction chez votre partenaire.

Les hommes vivent moins longtemps que les femmes, environ huit ans de moins en moyenne. Le nombre de crises cardiaques est sept fois plus élevé chez les hommes que chez les femmes. Les cardiopathies, la cirrhose, la pneumonie, la grippe et le cancer affectent plus souvent les hommes. Des 64 causes de décès énumérées par les principales compagnies d'assurances, 57 font des hommes leurs victimes favorites. Et lorsqu'un homme est touché par l'une des sept causes restantes, telles l'hypertension, il risque plus d'en mourir que s'il était une femme. «Ce qui se passe en réalité, explique le Dr John H. Laragh du Centre hospitalier Cornell de New York, c'est qu'il n'y a *rien* que les hommes supportent aussi facilement que les femmes.»

D'après le ministère du Travail des États-Unis, les hommes ont six fois plus de chances que les femmes de décéder ou de contracter des maladies chroniques au travail. Lorsqu'ils tombent malades, ils refusent de se soigner. Le Dr Charles Lewis et Mary Ann Lewis ont affirmé, dans le *New England Journal of Medicine* que les hommes «refusent bien souvent de consulter un médecin et d'adopter un comportement susceptible de diminuer les risques de décès prématuré provoqué par certaines maladies chroniques».

Dans une étude récente, Sidney Jourard a tenté de déterminer l'importance de la communication sur le plan affectif, qu'il appelle «révélation de soi», dans la vie d'un homme. «Pour compenser l'absence de «révélation de soi», affirme-t-il, les hommes ont tendance à faire fond sur des réalisations concrètes, telles que l'obtention d'un poste bien rémunéré ou d'une situation sociale enviable et l'accroissement de leur puissance sexuelle afin de donner un sens à leur vie. Mais une fois que l'âge ne leur permet plus de jouir de ces avantages, ils ne disposent plus d'aucune ressource. Leur moral baisse alors de jour en jour et c'est une mort précoce qui les attend.»

L'homme «fermé» ne sait que faire de ses problèmes. Il est incapable d'éliminer la tension et l'anxiété qui s'accumulent inévitablement. D'après Jourard, cette absence de «révélation de soi» permet aux secrets de s'empiler, accroissant ainsi la tension, physique et psychologique, exigeant de l'homme des dépenses d'énergie supplémentaires qui, à leur tour, accroissent la tension et ainsi de suite.» Le Dr Alexander Levay affirme que chez les hommes «la tension est rarement éliminée, ce qui entraîne des conséquences très néfastes sur le plan psychologique. Les résultats sont évidents. Jetez donc un coup d'oeil aux statistiques».

À l'intérieur du corps, le processus d'autodestruction peut prendre différentes formes. La tension constante incite l'organisme à libérer des graisses dans le sang. Les sécrétions protectrices de l'estomac diminuent: les acides digestifs provoquent des ulcères dans les parois gastriques. Le côlon est secoué par des spasmes douloureux. La vessie est plus susceptible d'être infectée. Des dépôts de cholestérol s'accumulent dans les vaisseaux sanguins entourant le coeur. La tension artérielle monte. Le coeur palpite. Les muscles du visage, du cou et du crâne commencent à se contracter involontairement, provoquant des céphalalgies. Les vaisseaux sanguins qui alimentent le cerveau se dilatent considérablement, provoquant des migraines.

Les larmes, qui font naître tant de honte chez les hommes «fermés», sont actuellement considérées comme un élément crucial de l'équilibre psychologique. Une étude menée pendant deux ans par le Dr David Goodman en Californie a révélé que le fait de pleurer soulage la tension cardio-vasculaire. Par conséquent, il semble qu'en pleurant plus souvent, hommes et femmes peuvent faire baisser leur tension artérielle de 20 à 25 p. 100. Des médecins de l'Université St.Joseph, à St.Paul (Minnesota), ont découvert que les larmes émotives, soit celles provoquées par le chagrin ou la colère, contiennent des toxines n'apparaissant pas dans les larmes ordinaires destinées à nettoyer les conduits. L'organisme produit ces toxines puis les élimine par les conduits lacrymaux. En refoulant désespérément les sanglots en période de crise affective, l'homme empêche l'élimination des sécrétions toxiques. Les parents qui apprennent à leur petit garçon que «les hommes ne doivent pas pleurer» le condamnent tout simplement à s'empoisonner lentement.

Une vie incolore, inodore et sans saveur

Bien que les arguments en faveur de l'extériorisation soient puissants, tous les dommages causés par le refoulement ne peuvent être mesurés avec une précision aussi mathématique. Cette vie d'émotions dissimulées, de sentiments non partagés appauvrit la vie affective des hommes. Elle les rend, pour reprendre les termes de Karen Horney, «dépourvus d'intensité», «incolores, inodores et sans saveur».

C'est donc cela le prix suprême à payer. Incapable d'une interaction affective, l'homme «fermé» vit «par procuration», sans jamais s'intégrer entièrement aux personnes de son entourage. Un peu comme s'il lisait sa biographie au lieu de vivre sa vie. «Certains hommes choisissent la sécurité, au détriment de la vie, affirme Merle Shain, et ils estiment que leur décision est une preuve de maturité... Aimer coûte cher, mais ne pas aimer coûte encore plus cher. Ceux qui craignent d'aimer découvrent souvent que l'absence d'amour crée un vide. Les hommes et les femmes qui n'ont pas connu l'amour considèrent bien souvent qu'ils sont passés à côté de l'essentiel...»

Lorsque Robert et Lynn parlent de l'époque où ils ne communiquaient pas, on a l'impression d'entendre parler deux personnes qui ont survécu à une grave maladie. «Je repense à toutes ces années, dit Robert, et c'est comme si elles n'avaient jamais existé... Elles ne représentent rien.» Ce commentaire provoque un petit rire chez Lynn. «Je ne m'en souviens que trop bien.» Mais il est évident que c'est le présent qui l'intéresse, pas le passé. «Je pense à la vie si agréable que nous menons aujourd'hui et je sais que nous aurions manqué tout cela si nous n'avions pas accepté de faire le premier pas.»

À coeur ouvert
Épilogue personnel

En rédigeant ce livre, en essayant de comprendre pourquoi les hommes ne s'extériorisent pas et comment ils peuvent modifier leur comportement, nous avons appris beaucoup sur nous-mêmes. Nous avons été obligés de faire face pour la première fois aux rôles, aux stéréotypes et aux espoirs qui nous avaient guidés tout au long de notre vie. Nous avons dû affronter tous les «pourquoi» que nous avions escamotés: Pourquoi sommes-nous si peu démonstratifs? Pourquoi nous comportons-nous de cette façon? Pourquoi craignons-nous l'intimité que nous affirmons cependant désirer? En bref, nous avons été contraints de redéfinir dans nos propres mots ce qu'était un homme.

Greg: occasions manquées

Pour moi, ce livre a été un voyage dans le passé. Enfant du Middle-West, mon adolescence se résume aux matches de football, aux soirées d'adolescents, aux rires étouffés dans les vestiaires et aux flirts dans les chemins isolés. Je n'avais jamais beaucoup réfléchi à l'influence de mon passé sur ma vie actuelle et à celle de mon éducation sur ma capacité de partager l'intimité affective. En étudiant l'évolution du rôle de l'homme dans la société, en comprenant comment ce rôle a été joué par les autres hommes, j'ai compris comment le passé avait été déterminant dans toutes mes relations affectives.

Je me souviens plus particulièrement d'un après-midi printanier, juste avant d'entreprendre la rédaction de ce livre. J'aimais une femme que je connaissais depuis près d'un an et, cet après-midi-là, mon amour brûlait en moi comme une flamme. Tout s'y prêtait: la saison, les circonstances et... cette femme merveilleuse qui me faisait sourire. J'étais assis avec elle dans sa petite cuisine. Nous parlions de tout et de rien et, pendant tout ce temps, je n'avais qu'une seule envie, celle de lui dire «Je t'aime». Mais elle ne m'a pas entendu. Peut-être ne l'ai-je pas dit. Ce moment est passé.

Ce n'est pas le premier ni le dernier moment que j'ai sacrifié sur l'autel de ma virilité. J'ai souvent voulu hurler du plus profond de moi-même des choses que personne n'a entendues. J'ai rarement exprimé mes véritables sentiments, de douleur ou de bonheur. Aujourd'hui, lorsque je regarde en arrière, lorsque je repense à cette journée de printemps où je n'ai pas dit tout ce que j'aurais aimé dire, j'ai l'impression d'éclater d'éloquence tardive, pour reprendre les termes d'Edith Wharton.

Steve: questions sans réponse

Ce livre a été pour moi une confrontation gênante avec les questions sans réponse de ma vie. Lorsque je m'étais disputé avec les copains, pourquoi étais-je si prompt à m'enterrer sous le travail? Pourquoi avais-je peur de l'effort, de la frustration et de la douleur qu'engendre toute relation sincère? Lorsque j'avais surtout besoin d'amour, pourquoi me suis-je simplement fixé de nouveaux objectifs à atteindre? Pourquoi, durant les moments de crise, me suis-je retrouvé sans ami ou peu désireux d'accepter le réconfort de ceux qui m'appelaient leur ami? Pourquoi étais-je si prompt à faire volte-face lorsqu'une relation semblait exiger de moi une réponse affective?

Il est difficile d'expliquer le mécanisme de l'éveil et de la découverte de son «moi véritable», selon Horney, même lorsqu'il s'agit de soi. L'expliquer de manière à convaincre d'autres hommes est une tâche encore plus ardue. Il faut bien dire que le jargon des psychologues et des sociologues ne nous facilite pas la tâche. Il est presque impossible de discuter de ce sujet sans paraître fat et creux. La «révélation de soi» n'est pas un sujet dans lequel les hommes, et notamment les hommes «fermés», s'aventurent avec confiance. Il est possible que l'homme «fermé», amoureux des faits et bien déterminé à poursuivre ses objectifs, considère le jargon de la révélation de soi comme frivole et complaisant. Pourtant, la redécouverte de son «être véritable» n'a rien de frivole. Oubliez tout ce que vous avez appris sur la psychanalyse, les séances de confession collective et la névrose traumatique. La révélation de soi requiert seulement de l'homme qu'il apprenne à cerner ce qu'il ressent. Et ce n'est pas une tâche facile pour celui qui, durant toute sa vie, a appris à ressentir ce qu'il *devait* ressentir.

Cette redécouverte nous a permis de nous débarrasser du fardeau des «devoirs». Nous avons admis que nous nous sentions anxieux et incertains à des moments où nous *aurions dû* être sûrs de nous. Nous avons appris à exprimer notre besoin d'amitié à des moments où nous *aurions dû* percevoir les hommes de notre entourage comme des rivaux. Nous avons appris à écouter le petit garçon vulnérable qui vit en nous, à des moments où nous *aurions dû* jouer les fier-à-bras. Nous avons appris à avouer que nous avions besoin des autres, à des moments où nous *aurions dû* réaffirmer notre indépendance. Ce qui compte, c'est ce que nous sommes et non ce que nous *devrions* être.

Ron est un joueur de football professionnel. Il a toujours été aussi tendu qu'un fil à haute tension. Il se distrait parfois, mais ne se détend jamais. Il ne pense qu'à faire mieux, toujours mieux. Cependant, il approche de la retraite et commence à ressentir des pressions financières. Sur le terrain de football, il se sent toujours obligé de faire mieux que ses coéquipiers et sur le plan sentimental, il connaît une période difficile car son amie attend avec impatience qu'il se décide à l'épouser. Discuter avec Ron équivaut à essayer de défaire un noeud.

Nous lui avons demandé s'il se décontractait parfois. Se sentait-il parfois délivré de cette anxiété accumulée au cours des années? Il a réfléchi un instant, puis a répondu que cela lui arrivait mais seulement après un orgasme. Pendant ces précieuses minutes, il ne sentait plus le fardeau. Ce sentiment de libération, de soulagement, même temporaire, cet abandon du fardeau de la virilité, est ce que l'homme «fermé» éprouve lorsqu'il atteint son moi véritable. La délivrance, le soulagement, le sursis... C'est une définition de l'extériorisation que tous les hommes peuvent comprendre.

La première étape vers la liberté consiste à reconnaître que nous avons besoin des autres. La cosmologie de l'homme «fermé» repose sur le principe qu'il est et devrait être toujours seul, qu'il devrait être capable d'affronter le monde sans aide extérieure, sans dépendance et sans amour. En dépit des exhortations contraires de la littérature, en dépit du bon sens, en dépit de la colère, des supplications et des larmes de ceux qui les aiment, beaucoup d'hommes se sont efforcés et s'efforcent encore de vivre leur vie en respectant scrupuleusement ce principe. Comme Ahab, le personnage de Melville, ils sont conduits, à l'encontre de tous les désirs naturels, vers les mâchoires d'un monde insensible.

Pour plusieurs d'entre nous, il faut beaucoup de temps pour comprendre que le seul sens véritable de la vie est celui que lui confèrent les relations affectives. Seule une poignée d'êtres humains remportera le prix Nobel, effectuera des découvertes scientifiques, écrira des pages immortelles, créera des chefs-d'oeuvre, battra des records et, d'une manière ou d'une autre, défiera la mort et le temps. En ces années d'incertitude sur le plan économique, un nombre de plus en plus restreint d'entre nous parviendront à s'assurer l'aisance matérielle permettant de masquer le vide affectif.

Pour la grande majorité d'entre nous, la vie se résumera aux gens que nous aurons connus et, plus particulièrement, à ceux que nous aurons aimés. Ne pas être aimé peut être tragique, ne pas aimer est catastrophique. Quiconque, homme ou femme, laisse passer l'occasion d'aimer et traverse la vie emprisonné dans les stéréotypes, quiconque est incapable de partager une authentique intimité affective à cause des rôles héréditaires et des angoisses multiples, se prive de la plus grande joie de l'existence et, en définitive, de la seule récompense durable.

Bibliographie

Adler, A., *Connaissance de l'Homme*, Paris, Petite Bibliothèque Payot, 1966.

Adorno, T. W., E. Frenkel-Brunswick, D. J. Levinson et R. N. Sanford, *The Authoritarian Personality*, New York, John Wiley & Sons, 1950.

Allen, D., «Antifemininity in Men», *American Sociological Review*, 19, pp. 581-593, 1954.

Allen, J. et D. Hacoun, «Sex Differences in Emotionality: A Multidimensional Approach», *Human Relations*, 29, pp. 711-722, 1976.

Andrews, A., «The New Closeness Between Men and Women», *Self*, 4 (juillet), pp. 53-54, 1982.

Arkowitz, H., «Measurement and Modification of Minimal Dating Behavior», *Progress in Behavior Modification*, 5, pp. 1-61, 1977.

Arkowitz, H., E. Lichtenstein, K. McGovern et P. Hines, «The Behavioral Assessment of Social Competence in Males», *Behavior Therapy*, 6, pp. 3-13, 1975.

Bach, G. R. et R. M. Deutsch, *Pairing: How to Achieve Genuine Intimacy*, New York, Peter H. Wyden.

Bach, G. R. et H. Goldberg, *Creative Aggression: The Art of Assertive Living*, New York, Doubleday.

Bach, G. R. et P. Wyden, *Ennemis intimes* (Trad. par L. Drolet), Montréal, Le Jour, 1983.

Balkwell, C., J. Balswick et J. Balkwell, *Journal of Marriage and the Family* (novembre), pp. 743-747, 1978.

Balswick, J., «The Inexpressive Male: Functional-Conflict and Role Theory as Contrasting Explanations», *The Family Coordinator* (juillet), pp. 331-336, 1979.

Balswick, J. et C. P. Avertt, «Differences in Expressiveness: Gender, Interpersonal Orientation and Perceived Parental Expressiveness as Contributing Factors», *Journal of Marriage and the Family*, 39, pp. 121-128, 1977.

Balswick, J. O. et J. W. Balkwell, «Religious Orthodox and Emotionality», *Review of Religious Research*, 19 (3), pp. 308-319, 1978.

Balswick, J. O. et C. Peek, «The Inexpressive Male: A Tragedy of American Society?», *The Family Coordinator*, 20, pp. 363-368, 1971.

Barbach, L. G., *For Yourself: The Fulfillment of Female Sexuality*, New York, Doubleday, 1975.

Barbach, L. G. et L. Levine, *Shared Intimacies: Women's Sexual Experiences,* New York, Doubleday, 1980.

Bass, B.M., J. Krussell et R. Alexander, «Male Managers' Attitudes Towards Working Women», *American Behavioral Scientist*, 15, pp. 221-236, 1971.

Beach, F.A., *Human Sexuality in Four Perspectives*, Baltimore (Md), The Johns Hopkins University Press, 1977.

Begley, M. et J. Carey, «A Healthy Dose of Laughter», *Newsweek*, 100 (4 octobre), p. 74, 1982.

Bell, D. H., *Being a Man: The Paradox of Masculinity*, Brattleboro (Vt), The Lewis Publishing Company, 1982.

Bem, S., W. Martyna et C. Watson, «Sex Typing and Androgyny: Further Explorations of the Expressive Domain», *Journal of Personality and Social Psychology*, 34, pp. 1016-1023, 1976.

Benton, R. G. et G. Doehne, *Emotional Intimacy: The Missing Ingredient in Your Life*, New York, A & W, 1982.

Berman, P., «Are Women More Responsive than Men to the Young? A Review of Developmental and Situational Variables», *Psychological Bulletin*, 88, pp. 668-695, 1981.

Berne, E., *Des jeux et des hommes* (Trad. par L. Dile), Paris, Stock, 1975.

Berne E. *Sex in Human Loving*, New York, Simon & Schuster, 1970.

Berne, E., C. Steiner et C. Kerr, *Beyond Games and Scripts*, New York, Grove Press, 1976.

Bernikow, L., «Alone», *New York Times Magazine*, 15 août , 24 ff., 1982.

Biller, H., «Father Absence and the Personality Development of the Young Child», *Developmental Psychology*, 2, pp. 181-201, 1970.

Biller, H. et L. Borstelmann, «Masculine Development: An Integrative Review», *Merrill-Palmer Quarterly*, 13, pp. 253-294, 1967.

Block, J., «Conceptions of Sex Role: Some Cross-cultural and Longitudinal Perspectives», *American Psychologist*, 28, pp. 512-526, 1973.

Boehm, F., «The Femininity-Complex in Men», *International Journal of Psychoanalysis*, 11, pp. 444-469, 1932.

Botwin, C. et J. L. Fine, *The Love Crisis: Hit-and-run Lovers, Jugglers, Sexual Stingies, Unreliables, Kinkies and Other Typical Men Today*, New York, Doubleday, 1979.

Bowman, G. W., N. B. Worthy et S. A. Greyser, «Are Women Executives People?», *Harvard Business Review*, 43 (4), 14 ff., 1965.

Brandon, N., *The Psychology of Romantic Love*, Los Angeles, J. P. Tarcher, 1980.

Brothers, J., *What Every Woman Should Know About Men*, New York, Simon & Schuster, 1981.

Browmiller, S., *Against Our Will: Men, Women and Rape*, New York, Simon & Schuster, 1975.

Burton, R. et J. Whiting, «The Absent Father and Cross-Sex Identity», *Merrill-Palmer Quarterly*, 7, pp. 85-95, 1961.

Cantwell, M., «Verbal Promiscuity», *Vogue*, 172 (septembre), 342 ff., 1982.

Carmichael, C., *Non-sexist Childraising*, Boston, Beacon Press, 1977.

Castleman, M., «4 Intimacies Men Don't Share with Women», *Self*, 2 (décembre), 94 ff., 1980.

Cicone, M. et D. Ruble, «Beliefs about Males», *Journal of Social Issues*, 34 (1), pp. 5-16, 1978.

Clark, J. V. et H. Arkowitz, «Social Anxiety and Self-Evaluation of Interpersonal Performance», *Psychological Reports*, 36, pp. 211-221, 1975.

Cottin Pogrebin, L., *Growing Up Free: Raising Your Child in the 80's*, New York, McGraw-Hill, 1980.

_____, «Alan Alda Talks About Love, Friends, Sex, Envy, Food and a Few Not-So-Deadly Sins», *Ms*, 9 (juin), 46 ff., 1981.

_____, «How to Talk While Eating: The Family Dinnertime», *Ms*, 10 (novembre), 12 ff., 1981.

_____, «One Step Forward», *Ms*, 9 (avril), p. 99, 1981.

_____, «Are Men Discovering the Joys of Fatherhood?», *Ms*, 10 (février), 41 ff., 1982.

_____, «The Selling of the Nurturing Father», *Ms*, 10 (février), p. 102, 1982.

Cox, C., «Tuning In: The Art of Good Listening», *Cosmopolitan*, 192 (avril), 146 ff., 1982.

David, D. et R. Branon, *The Forty-Nine Percent Majority: The Male Sex Role*, Reading (Ma.), Addison-Wesley, 1976.

Day, I., «What Makes You Cry», *Ms*, 8 (juin), 46 ff., 1980.

Derlega, V. et A. Chaikin, «Norms Affecting Self-Disclosure in Men and Women», *Journal of Consulting and Clinical Psychology*, 44, pp. 376-380, 1976.

Deutsch, C. et L. Gilbert, «Sex Role Stereotypes: Effects on Perceptions of Self and Others and on Personal Adjustment», *A Journal of Counseling Psychology*, 23, pp. 373-379, 1976.

Dew, R. F., «People Shells: How to Crack Them to Let Love In», *Self*, 4 (mai), 56 ff., 1982.

DeWolf, R., *How to Raise Your Man: The Problems of a New Style Woman in Love with and Old Style Man*, New York, Franklin Watts, 1983.

Dohan, M. H., «The Gender Gap», *Ambassador*, février , 60 ff., 1983.

Douglas, A., *The Femininization of American Culture*, New York, Alfred A. Knopf, 1977.

Douvan, E. et J. Adelson, *The Adolescent Experience*, New York, John Wiley & Sons, 1968.

Dowling, C., *Le complexe de Cendrillon* (Trad. par M. F. de Paloméra), Paris, Bernard-Grasset, 1982.

Druley, D., «Do Touch: It's the Language of Love», *Self*, 2 (septembre), 72 ff., 1980.

————, «Cuddler's Guide to Love», *Self*, 3 (mai), 96 ff., 1981.

Dubbert, J., *A Man's Place: Masculinity in Transition*, Englewood Cliffs (N.-J.), Prentice-Hall, 1979.

Ehrenreich, R., «The Politics of Talking — in Couples: Conversus Interruptus and Other Disorders», *Ms*, 9 (mai), 46 ff., 1981.

Eitzen, D. S., *Social Problems*, Boston, Allyn and Bacon, 1980.

Ellis, A., *Sex and the Liberated Man*, Secaucus (N.-J.), Lyle Stuart, 1976.

————, *The Intelligent Woman's Guide to Dating and Mating*, Secaucus (N.-J.), Lyle Stuart, 1979.

Ellis, A. et R. A. Harper, *Creative Marriage*, New York, Lyle Stuart, 1961.

————, *A New Guide to Rational Living*, Englewood Cliffs (N.-J.), Prentice-Hall, 1961.

Ellis, L. J. et P. M. Bentler, «Traditional Sex-Determined Role Standards and Sex Stereotypes», *Journal of Personality and Social Psychology*, 25, pp. 28-34, 1973.

Ember, C., «Men's Fear of Sex with Women: A Cross-cultural Study», *Sex Roles*, 4, pp. 657-678, 1978.

Engel, E., «Of Male Bondage», *Newsweek*, 99 (21 juin), p. 13, 1982.

Erikson, E. H., *Enfance et société* (Trad. par A. Cardinet), Neufchâtel, Delachaux et Niestlé, 1966.

Farrell, W., *The Liberated Man: Beyond Masculinity: Freeing Men and Their Relationships with Women*, New York, Random House, 1975.

Fasteau, M. F., *The Male Machine*, New York, McGraw-Hill, 1975.

Feirstein, B., *Real Men Don't Eat Quiche*, New York, Pocket Books, 1982.

Fenichel, O., *The Psychoanalytic Theory of Neurosis*, New York, W. W. Norton, 1943.

Filene, P., *Him/Her/Self: Sex Roles in Modern America*, New York, Harcourt Brace, 1975.

Fisher, S. et R. Fisher, *What We Really Know About Childrearing*, New York, Simon & Schuster, 1976.

207

Flowers, C. E. et M. Abrams, «Sexuality: A Guide to Total Understanding», *Cosmopolitan*, 188 (mars), 227 ff., 1980.

Forisha, B. L., *Sex Roles and Personal Awareness*, Morristown (N.-J.), General Learning Press, 1978.

Forisha, B. et B. Goldman, *Outsiders on the Inside: Women in Organizations*, Englewood Cliffs (N.-J.), Prentice-Hall, 1981.

Frank, E. et S. F. Enos, «The Lovelife of the American Wife», *Ladies' Home Journal*, C (février), 71 ff., 1983.

Franks, V. et E. D. Rothblum, *The Stereotyping of Women: Its Effects on Mental Health*, New York, Springer, 1983.

Friedan, B., *Femme mystifiée* (Trad. par Y. Roudy), Paris, Gonthier, 1964.

_____, *The Second Stage*, New York, Summit Books, 1981.

Friday, N., *Men in Love: Men's Sexual Fantasies: The Triumph of Love Over Rage*, New York, Delacorte Press, 1980.

Gilbert, L., C. Deutsch et R. Strahan, «Feminine and Masculine Dimensions of the Typical, Desirable an Ideal Woman and Man», *Sex Roles*, 4, pp. 767-778, 1978.

Gilligan, C., *In a Different Voice: Psychological Theory and Women's Development*, Cambridge (Ma.), Harvard University Press, 1982.

Goldberg, H., *The Hazards of Being Male: Surviving the Myth of Masculine Privilege*, New York, Sanford J. Greenburger Associates, 1976.

_____, *The New Male: From Self-Destruction to Self-Care*, New York, William Morrow, 1979.

_____, *The New Male-Female Relationship*, New York, William Morrow, 1983.

Gornik, V. et B. K. Moran, *Woman in Sexist Society*, New York, Basic Books, 1971.

Gottlieb, A., «Problem? What Problem? How to Get Him to Talk About Your Marriage», *McCalls*, 110 (avril), 14 ff., 1983.

Greenberg, M. et N. Morris, «Engrossment: The Newborn's Impact upon the Father», *American Journal of Orthopsychiatry*, 44, pp. 520-531, 1974.

Hall, M. et R. Keith, «Sex-Role Preference Among Children of Upper and Lower Class», *Journal of Social Psychology*, 62, pp. 101-110, 1964.

Harford, T., C. Willis et H. Deabler, «Personality Correlates of Masculinity-Femininity», *Psychological Reports*, 21, pp. 881-884, 1967.

Harlow, R., «Masculine Inadequacy and the Compensatory Development of Physique», *Journal of Personality*, 19, pp. 312-333, 1951.

Harrison, J., «Warning: The Male Sex Role May Be Hazardous to Your Health», *Journal of Social Issues*, 34 (1), pp. 65-86, 1978.

Hartley, R. L., «Sex Role Pressures in the Socialization of the Male Child», *Psychological Reports*, 5, pp. 459-468, 1959.

Herman, J. et K. Gyllstrom, «Working Men and Women: Inter — and Intra-Role Conflict», *Psychology of Women Quarterly*, 1, pp. 319-333, 1977.

Hershey, M., «Racial Differences in Sex-role Identities and Sex Stereotyping: Evidence Against a Common Assumption», *Social Science Quarterly*, 58, pp. 584-596, 1978.

Hite, S., *Le Rapport Hite* (Trad. par L. Carlier), Paris, Laffont, 1977.

_____, *Le Rapport Hite sur les hommes* (Trad. par C. Farny et J. Joullica), Paris, Laffont, 1983.

Hoffman, M., «Sex Differences in Empathy and Related Behaviors», *Psychological Bulletin*, 84, pp. 712-722, 1977.

Hoffman, M. L. et L. W. Hoffman, *Review of Child Development Research*, vol. 1, New York, Russell Sage Foundation, 1964.

Horney, K., «The Dread of Women», *International Journal of Psychoanalysis*, 13, pp. 348-360, 1932.

_____, *The Neurotic Personality of Our Time*, New York, W. W. Norton, 1937.

_____, *Neurosis and Human Growth: The Struggle Toward Self-Realization*, New York, W. W. Norton, 1950.

Horney, K. et H. Kelman, *Feminine Psychology*, New York, W. W. Norton, 1967.

Hunt, M., «Male/Female Brains», *Self*, 4 (mars), pp. 57-58, 1982.

Hyatt, I. R., *Before You Love Again*, New York, Random House, 1977.

J., *The Sensuous Woman*, Secaucus (N.-J.), Lyle Stuart, 1969.

Johnson, J., *Minor Characters*, Boston, Houghton Mifflin, 1983.

Jourard, S., *The Transparent Self: Self-Disclosure and Well-Being*, Princeton (N.-J.), Van Nostrand, 1964.

Kagan, J. et H. Moss, *Birth to Maturity: A Study in Psychological Development*, 35, pp. 1051-1056, 1962.

Keller, G. D., *The Significance and Impact of Gregorio Maranon: Literary Criticism, Biographies, and Historiography*, New York, Bilingual Press (Éditorial bilingue), 1977.

Kelly, J. et J. Worrell, «New Formulations of Sex Roles and Androgyny: A Critical Review», *Journal of Consulting and Clinical Psychology*, 45, 1101-1115, 1977.

Kiev, A., *Active Loving: Discovering and Developing the Power to Love*, New York, Thomas Y. Crowell, 1979.

_____, *How to Keep Love Alive*, New York, Harper & Row, 1982.

Kimura, D., «The Asymmetry of the Human Brain», *Scientific American*, 228 (3), pp. 70-78, 1973.

_____, «Sex Differences in Cerebral Organization for Speech and Praxic Functions», *Canadian Journal of Psychology*, 37 (1), pp. 19-35, 1983.

Kinsey, A., W. Pomeroy et C. Martin, *Le comportement sexuel de l'homme*, Paris, Éd. du Pavois, 1948.

Kinsey, A., W. Pomeroy, C. Martin et P. Gebhard, *Le comportement sexuel de la femme* (Trad. par P. Jacquemart), Paris, A. Dumont, 1954.

Kitagawa, E. et P. Hauser, *Differential Mortality in the United States: A Study in Socioeconomic Epidemiology*, Cambridge (Ma.), Harvard University Press, 1973.

Komarovsky, M., «Cultural Contradictions and Sex Roles», *American Journal of Sociology*, 52, pp. 182-189, 1946.

_____, *Women in the Modern World: Their Education and Their Dilemmas*, Boston, Little, Brown, 1953.

_____, *Blue Collar Marriage*, New York, The Vintage Press, 1964.

_____, *Dilemmas of Masculinity: A Study of College Youth*, New York, W. W. Norton, 1975.

Korda, M., *Male Chauvinism!*, New York, Random House, 1974.

_____, «Intimacy: Why It's so Crucial Today», *Self*, 3 (février), pp. 51-55, 1981.

_____, «Tenderness: How to Touch a Man's Hidden Love Nerves», *Self*, 4 (février), pp. 64-67, 1982.

Koslow, S. P., «The Can't Live with Him/Can't Live Without Him Marriage», *Ladies' Home Journal*, C (avril), 64 ff., 1983.

Kosner, A., «An Intimate Chat with a Sex Therapist», *Cosmopolitan*, 192 (février), 202 ff., 1982.

Kovel, J., *A Complete Guide to Therapy: From Psychoanalysis to Behavior Modification*, New York, Pantheon Books, 1976.

Kramer, R., *In Defense of the Family: Raising Children in America Today*, New York, Basic Books, 1983.

L'Abate, L., «Inexpressive Males or Overexpressive Females? A Reply to Balswick», *Family Relations*, 29, pp. 229-230, 1980.

Lague, L., «I Love to See a Grown Man Cry», *Glamour*, 80 (décembre), p. 202, 1982.

Leavenworth, C., *Love & Commitment: You Don't Have to Settle for Less*, Englewood Cliffs (N.-J.), Prentice-Hall, 1981.

Lederer, W., *The Fear of Women*, New York, Grune & Stratton, 1968.

Levine, S., *Hormones and Behavior*, New York, Academic Press, 1972.

Lewis, R. A., «Emotional Intimacy Among Men», *Journal of Social Issues*, 43 (1), pp. 108-221, 1978.

Lewis, R. A. et J. H. Pleck, «Men's Roles in the Family», *The Family Coordinator*, 28 (4), pp. 429-626, 1979.

Lifton, R., *The Woman in America*, Boston, Beacon Press, 1964.

Lorenz, K., *L'agression* (Trad. par V. Pritsch), Paris, Flammarion, 1969.

Love, J., «Clint Eastwood: A Sexy Legend at Fifty», *Cosmopolitan*, 189 (juillet), 182 ff., 1980.

Lynn, D. B., «The Process of Learning Parental and Sex-role Identification», *Journal of Marriage and the Family*, 28, pp. 466-470, 1966.

Lynn, D. B., *Parental and Sex Role Identification: A Theoretical Formulation*, Berkeley (Ca.), McCutchan, 1969.

M., *The Sensuous Man*, Secaucus (N.-J.), Lyle Stuart, 1971.

Maccoby, E. E. et C. N. Jacklin, *The Psychology of Sex Dif-*

ferences, Stanford (Ca.), Stanford University Press, 1974.

Machlowitz, M., *Workaholics: Living with Them, Working with Them*, Reading (Ma.), Addison-Wesley, 1980.

Masih, L., «Career Saliency and Its Relation to Certain Needs, Interests and Job Values», *Personal and Guidance Journal*, 45, pp. 653-658, 1967.

Masters, W. H. et V. E. Johnson, *Les réactions sexuelles* (Trad. par F. Fréhel et M. Gilbert), Paris, Laffont, 1970.

_____, *Les mésententes sexuelles et leur traitement* (Trad. par F. Chazelas et S. Zolotoukine), Paris, Laffont, 1971.

May, R., *Amour et volonté* (Trad. par L. Dile), Paris, Stock, 1971.

_____, *Freedom and Destiny*, New York, W. W. Norton, 1969.

McArthur, L. et S. Eisen, «Achievement of Male and Female Storybook Characters as Determinants of Achievement Behavior by Boys and Girls», *Journal of Personality and Social Psychology*, 33, pp. 467-473, 1976.

_____, «Television and Sex-Role Stereotyping», *Journal of Applied Social Psychology*, 6, pp. 329-351, 1976.

McGinnis, L., «What to Do when Your Man Won't Talk», *Cosmopolitan*, 188 (mars), 164 ff., 1980.

Mead, M., *Moeurs et sexualité en Océanie* (Trad. par G. Chevassus), Paris, Plon, 1963.

_____, *L'un et l'autre sexe* (Trad. par C. Ancelot et H. Étienne), Paris, Gonthier, 1966.

Mellen, J., *Big Bad Wolves: Masculinity in the American Film*, New York, Pantheon Books, 1978.

Meyer-Bahlburg, H. F. L., D. Boon, M. Sharma et J. Edwards, «Aggressiveness and Testosterone Measures in Man», *Psychosomatic Medicine*, 36, pp. 269-274, 1974.

Michaels, L., *The Men's Club*, New York, Farrar Strauss Giroux, 1981.

Miller, D. et G. Swanson, *Inner Conflict and Defense*, New York, Holt, Rinehart & Winston, 1960.

Miller, S., *Men and Friendship*, Boston, Houghton Mifflin.

Mitchell, G., W. Redican et J. Gomber, «Lessons from a

Primate: Males Can Raise Babies», *Psychology Today*, avril, pp. 23-28, 1974.

Money, J. et A. Ehrhardt, *Man and Woman, Boy and Girl*, Baltimore (Md.), Johns Hopkins University Press, 1972.

Morgenstern, N., S. Naifeh et G. W. Smith, *Comment faire l'amour à une femme*, Montréal, Le Jour, 1982.

Mussen, P., «Some Antecedents and Consequents of Masculine Sex-typing in Adolescent Boys», *Psychological Monographs*, 75 (2), pp. 1-24, 1961.

Mussen, P., «Long-term Consequents of Masculinity Interests in Adolescence», *Journal of Consulting Psychology*, 26, pp. 435-440, 1962.

Mussen, P. et E. Rutherford, «Parent-Child Relations and Parental Personality in Relation to Young Children's Sex-role Preferences», *Child Development*, 34, pp. 589-607, 1963.

Novak, W., *The Great American Man Shortage*, New York, Rawson Associates, 1983.

Olsen, P., *Sons and Mothers: Why Men Behave as They Do*, New York, M. Evans, 1981.

Parke, R. D., *Fathers*, Cambridge (Ma.), Harvard University Press, 1981.

Peck, M. S., *The Road Less Traveled: A New Psychology of Love, Traditional Values and Spiritual Growth*, New York, A Touchstone Book, 1978.

Penny, A., *How to Make Love to a Man*, New York, Clarkson N. Potter, 1981.

Persky, H., K. D. Smith et G. R. Basu, «Relations of Psychological Measures of Aggression and Hostility to Testosterone Production in Men», *Psychosomatic Medicine*, 33, pp. 265-277, 1971.

Petras, J. W., *Sex: Male/Gender: Masculine: Readings in Male Sexuality*, Port Washington (N.-Y.), Alfred, 1975.

Pietropinto, A. et J. Semenauer, *Rapport sur la sexualité de l'homme* (Trad. par P. Guilhon), Paris, Pierre-Belfond, 1978.

_____, *Husbands and Wives*, New York, Times Books, 1979.

Pleck, J. H., «Masculinity-Femininity: Current and Alternate

Paradigms», *Sex Roles*, 1, pp. 161-178, 1975.

————, «The Male Sex Role: Definitions, Problems and Sources of Change», *Journal of Social Issues*, 32 (3), pp. 155-164, 1976.

————, «Men's Traditional Attitudes Toward Women: Correlates of Adjustment or Maladjustment?», *Psychological Reports*, 42, pp. 975-983, 1978.

————, *The Myth of Masculinity*, Cambridge (Ma.), The MIT Press, 1981.

Pleck, J. H. et R. Brannon, «Male Roles and the Male Experience», *Journal of Social Issues*, 34 (1), pp. 1-199, 1978.

Pleck, J. H. et J. Sawyer, *Men and Masculinity*, Englewood Cliffs (N.-J.), Prentice-Hall, 1974.

Plog, S., «The Disclosure of Self in the United States and Germany», *Journal of Social Psychology*, 65, pp. 193-203, 1965.

Rich, A., *Of Woman Born*, New York, W. W. Norton, 1976.

Ricker, A. L., «Sex for Sale in Las Vegas», *Cosmopolitan*, 189 (novembre), 280 ff., 1980.

Riesman, D., N. Glazer et R. Denney, *The Lonely Crowd: A Study of the Changing American Character*, New Haven (Ct), Yale University Press, 1950.

Rodriguez, R., *Hunger of Memory*, New York, Bantam Books, 1983.

Rosaldo, M. S. et L. Lamphere, *Woman, Culture and Society*, Stanford (Ca.), Stanford University Press, 1974.

Rose, F. et G. Bennett, *Real Men: Sex an Style in an Uncertain Age*, New York, Doubleday, 1980.

Rosenberg, B. et B. Sutton-Smith, «A revised Conception of Masculine-Feminine Differences in Play Activities», *Journal of Genetic Psychology*, 96, pp. 165-170, 1960.

Ross, D. et S. Ross, «Resistance by Preschool Boys to Sex-Inappropriate Behavior», *Journal of Educational Psychology*, 63, pp. 342-346, 1972.

Ross, E., «Still Needed: A New Look at an Old Institution», *Ms*, 9 (mars), p. 52, 1981.

Rothbart, M. K. et E. E. Maccoby, «Parents' Differential Reactions to Sons and Daughters», *Journal of Personality and Social Psychology*, 4, pp. 237-243, 1966.

Rubin, L., *Intimate Strangers*, New York, Harper & Row, 1983.

Rubin, T. I., *Reconciliations: Inner Peace in an Age of Anxiety*, New York, The Viking Press, 1980.

Rubin, T. I. et D. C. Berliner, *Understanding Your Man: A Woman's Guide*, New York, Ballantine Books, 1977.

Rudy, A. J. et R. Peller, «Men's Liberation», *Medical Aspects of Human Sexuality*, 6 (septembre), pp. 84-85, 1972.

Sager, C. J. et B. Hunt, *Intimate Partners: Hidden Patterns in Love Relationships*, New York, McGraw-Hill, 1979.

Savan, L., «Learning Not to Confess», *Cosmopolitan*, 191 (août), 168 ff., 1981.

Schaffer, R., *Le comportement maternel* (Trad. par G. de Valck), Bruxelles, P. Mardager, 1981.

Scott, J. P. et S. F. Scott, *Social Control and Social Change*, Chicago, University of Chicago Press, 1971.

Sennett, R. et J. Cobb, *The Hidden Injuries of Class*, New York, Random House, 1972.

Seward, G. et R. Williamson, *Sex Roles in Changing Society*, New York, Random House, 1970.

Sexton, P. C., *The Feminized Male: Classrooms, White Collars and the Decline of Maleness*, New York, Vintage Books, 1970.

Shain, M., *Some Men Are More Perfect Than Others*, New York, Bantam Books, 1976.

————, *When Lovers Are Friends*, Philadelphie, J. B. Lippincott, 1978.

Sheehy, G., *Passages: franchir les obstacles de la vie* (Trad. par G. & F. Casaril), Paris, Belfont, 1982.

————, *Pathfinders*, New York, William Morrow, 1981.

Silvern, L., «Children's Sex-role Preferences: Stronger Among Girls than Boys, *Sex Roles*, 3, pp. 159-171, 1977.

Skjei, E. et R. Rabkin, *The Male Ordeal: Role Crisis in a Changing World*, New York, G. P. Putnam's Sons, 1981.

Solomon, R. C., *Love: Emotion, Myth and Metaphor*, New York, Anchor Press/Doubleday, 1981.

Spence, J. T. et R. L. Helmreich, *Masculinity & Femininity: Their Psychological Dimensions, Correlates and Antecedents*, Austin (Tx.), University of Texas Press, 1978.

————, «On Assessing Androgyny», *Sex Roles*, 5, pp. 721-738, 1979.

Staples, R., *The Black Family: Essays and Studies*, Belmont (Ca.), Brooks Cole, 1971.

————, «The Myth of the Impotent Black Male», *Black Scholar*, 2 (10), pp. 2-9, 1971.

————, «Masculinity and Race: The Dual Dilemma of Black Men», *Journal of Social Issues*, 34 (1), pp. 169-183, 1978.

Stearns, P., *Be a Man! Males in Modern Society*, New York, Holmes and Meier, 1979.

Stein, H., «Why Do Boys Have a Hard Time Expressing Their Feelings?», *Seventeen*, 42 (février), 101 ff., 1983.

Steinem, G., «In the Middle of the Backlash: Some Cheerful Words About Men», *Ms*, 9 (juin), 43 ff., 1981.

Stern, D., *Mère et enfant: les premières relations*, Bruxelles, P. Mardager, 1977.

Stockard, J. et M. Johnson, «The Social Origins of Male Dominance», *Sex Roles*, 5, pp. 199-218, 1979.

Stone, L., «Women who Live with Gay Men», *Ms*, octobre, 103 ff., 1981.

Sullerot, E., *Femmes dans le monde moderne*, Paris, Hachette, 1970.

Tannen, D., «When Men an Women Talk — Why Don't We Say What We Mean?», *Vogue*, 172 (octobre), 185 ff., 1982.

Tavris, C., «Masculinity», *Psychology Today*, 10 (8) (janvier), 35 ff., 1977.

Tiger, L., *Entre hommes* (Trad. par L. Casseau), Paris, Robert Laffont, 1969.

Toby, J., «Violence and the Masculine Mystique: Some Quantitative Data», *Annals of the American Academy of Political and Social Science*, 36 (4), pp. 19-27, 1966.

Tolson, A., *The Limits of Masculinity: Male Identity and Women's Liberation*, New York, Harper & Row, 1977.

Van Praag, H. H., *Handbook of Biological Psychiatry*, New York, Marcel Dekker, 1980.

Wagenvoord, J. et P. Bailey, *Men: A Book for Women*, New York, Avon, 1978.

Wakefield, J., J. Sasek, A. Friedman et J. Bowden, «Androgyny and Other Measures of Masculinity-Femininity», *Journal of Consulting and Clinical Psychology*, 44, pp. 766-770, 1976.

Waldron, I., «Why Do Women Live Longer than Men?», *Journal of Human Stress*, 2, pp. 1-13, 1976.

Wanderer Z. et E. Fabian, *Making Love Work: New Techniques in the Art of Staying Together*, New York, G. P. Putnam's Sons, 1979.

Ward, W. P., «Process of Sex Role Development», *Developmental Psychology*, 9, pp. 163-168, 1969.

_____, «Patterns of Culturally Defined Sex-role Preference and Parental Imitation», *Journal of Genetic Psychology*, 122, pp. 337-343, 1973.

Warsaw, J. L., «Sharing Intimacies Is Not Always Intimate», *Self*, 3 (février), pp. 80-81, 1981.

Washburn, S., «Touchy Turf: His/Her Power Bases: How to Allow Each Other Territory», *Self*, 3 (juillet), 95 ff., 1981.

Webb, A. P., «Sex-role Preferences and Adjustments in Early Adolescents», *Child Development*, 34, pp. 609-618, 1963.

Weisinger, H. et N. M. Lobsenz, «Sexual Criticism: How to Give and Take It», *Cosmopolitan*, 193 (juillet), 78 ff., 1982.

Weller, S., «Why We Spill Our Private Selves in Public: Interview with Studs Terkel», *Self*, 3 (février), pp. 78-80, 1981.

_____, «Keeping Private Pieces of Yourself: Interview with Kathy Cronkite», *Self*, 3 (février), pp. 81-82, 1981.

Whyte, W. H., *Homme de l'organisation* (Trad. par Y. Rivière), Paris, Plon, 1959.

Wolner, T., «The Myth of the Unemotional Man», *Cosmopolitan*, 188 (janvier), 180 ff., 1980.

Woronoff, I., «Negro Male Identification Problems», *Journal of Educational Psychology*, 36, pp. 30-32, 1962.

Worrell, J. et L. Worrell, «Support and Opposition to the Women's Liberation Movement: Some Personality and Parental Correlates», *Journal of Research in Personality*, 11, pp. 10-20, 1977.

Yalom, E., R. Green et N. Fisk, «Prenatal Exposure to Female Hormones: Effect on Psychosexual Development in Boys», *Archives of Genetic Psychiatry*, 28, pp. 554-561, 1973.

Zehner, H., «50 Shrinks Give Their Rx for Marital Happiness», *Cosmopolitan*, 192 (juin), 220 ff., 1982.

Zilbergeld, B., *La sexualité masculine* (Trad. par P. et D. Rousset), Paris, Ramsay, 1978.

Table des matières

Ouvrages parus aux
Éditions de l'Homme

Affaires et vie pratique

* Acheter et vendre sa maison ou son condominium, Lucille Brisebois
* Acheter une franchise, Pierre Levasseur
* Les assemblées délibérantes, Francine Girard
* La bourse, Mark C. Brown
* Le chasse-insectes dans la maison, Odile Michaud
* Le chasse-insectes pour jardins, Odile Michaud
  Le chasse-taches, Jack Cassimatis
* Choix de carrières — Après le collégial professionnel, Guy Milot
* Choix de carrières — Après le secondaire V, Guy Milot
* Choix de carrières — Après l'université, Guy Milot
* Comment cultiver un jardin potager, Jean-Claude Trait
  Comment rédiger son curriculum vitæ, Julie Brazeau
* Comprendre le marketing, Pierre Levasseur
  Des pierres à faire rêver, Lucie Larose
* Des souhaits à la carte, Clément Fontaine
* Devenir exportateur, Pierre Levasseur
* L'entretien de votre maison, Consumer Reports Books
  L'étiquette des affaires, Elena Jankovic
* Faire son testament soi-même, Me Gérald Poirier et Martine Nadeau Lescault
  Les finances, Laurie H. Hutzler
  Gérer ses ressources humaines, Pierre Levasseur
  La graphologie, Claude Santoy
* Le guide complet du jardinage, Charles L. Wilson
* Le guide de l'auto 93, D. Duquet, M. Lachapelle et J. Duval
* Le guide des bars de Montréal 93, Lili Gulliver
* Le guide des bons restaurants de Montréal et d'ailleurs 93, Josée Blanchette
  Le guide des plantes d'intérieur, Coen Gelein
  Guide du savoir-écrire, Jean-Paul Simard
* Le guide du vin 93, Michel Phaneuf
* Le guide floral du Québec, Florian Bernard
  Guide pratique des vins de France, Jacques Orhon
  J'aime les azalées, Josée Deschênes
* J'aime les bulbes d'été, Sylvie Regimbal
  J'aime les cactées, Claude Lamarche
* J'aime les conifères, Jacques Lafrenière
* J'aime les petits fruits rouges, Victor Berti
  J'aime les rosiers, René Pronovost
  J'aime les tomates, Victor Berti
  J'aime les violettes africaines, Robert Davidson
  J'apprends l'anglais..., Gino Silicani et Jeanne Grisé-Allard
  Le jardin d'herbes, John Prenis
* Lancer son entreprise, Pierre Levasseur
  Le leadership, James J. Cribbin
* La loi et vos droits, Me Paul-Émile Marchand
  Le meeting, Gary Holland
  Mieux comprendre sa vie de travail, Claude Poirier et Nicole Gravel
* Mon automobile, Gouvernement du Québec et Collège Marie-Victorin
  Notre mariage — Étiquette et planification, Marguerite du Coffre
  Nouveaux profils de carrière, Claire Landry

Cuisine et nutrition

* À table avec sœur Angèle, Sœur Angèle
  Les aliments qui guérissent, Jean Carper
  Le barbecue, Patrice Dard
  Bonne table et bon cœur, Anne Lindsay
  Cocktails de fruits non alcoolisés, Lorraine Whiteside
  Combler ses besoins en calcium, Denyse Hunter
* Comme chez grand-maman Biondi, J. Biondi et C. Lanzillotta
  Comment nourrir son enfant, Louise Lambert-Lagacé
  Le compte-calories, Micheline Brault-Dubuc et Liliane Caron-Lahaie
  Le compte-cholestérol, M. Brault-Dubuc et L. Caron-Lahaie
  La congélation de A à Z, Joan Hood
  Les conserves, Sœur Berthe
* Crème glacée et sorbets, Yves Lebuis et Gilbert Pauzé
  La cuisine au wok, Charmaine Solomon
  Cuisine aux micro-ondes 1 et 2 portions, Marie-Paul Marchand
* La cuisine chinoise traditionnelle, Jean Chen
* La cuisine joyeuse de sœur Angèle, Sœur Angèle
  Cuisiner avec le four à convection, Jehane Benoit
* Cuisine santé pour les aînés, Denyse Hunter
  Le défi alimentaire de la femme, Louise Lambert-Lagacé
* La diète rotation, Dr Martin Katahn
  Du moût ou du raisin? Faites vous-même votre vin, Claudio Bartolozzi
  Faire son pain soi-même, Janice Murray Gill
* Faire son vin soi-même, André Beaucage
  La fine cuisine aux micro-ondes, Patrice Dard
* Le livre du café, Julien Letellier
* Menus et recettes du défi alimentaire de la femme, Louise Lambert-Lagacé
  Menus pour recevoir, Julien Letellier
  Micro-ondes plus, Marie-Paul Marchand
* Modifiez vos recettes traditionnelles, Denyse Hunter
  Les muffins, Angela Clubb
* La nouvelle boîte à lunch, Louise Desaulniers et Louise Lambert-Lagacé
  La nouvelle cuisine micro-ondes, Marie-Paul Marchand et Nicole Grenier
  La nouvelle cuisine micro-ondes II, Marie-Paul Marchand et Nicole Grenier
* Papa, j'ai faim!, Solange Micar
* Les pâtes, Julien Letellier
* La pâtisserie, Maurice-Marie Bellot
  La sage bouffe de 2 à 6 ans, Louise Lambert-Lagacé
  Les tisanes qui font merveille, Dr Leonhard Hochenegg et Anita Höhne
  Une cuisine sage, Louise Lambert-Lagacé
* Votre régime contre l'acné, Alan Moyle
* Votre régime contre la colite, Joan Lay
* Votre régime contre la cystite, Ralph McCutcheon
* Votre régime contre l'arthrite, Helen MacFarlane
* Votre régime contre la sclérose en plaque, Rita Greer
* Votre régime contre l'asthme et le rhume des foins, R. Newman Turner
* Votre régime contre le diabète, Martin Budd
* Votre régime contre le psoriasis, Harry Clements
* Votre régime pour contrôler le cholestérol, R. Newman Turner
* Weight Watchers — La cuisine légère, Weight Watchers
* Les yogourts glacés, Mable et Gar Hoffman

Plein air, sports, loisirs

* L'ABC du bridge, Frank Stewart et Randall Baron
  Apprenez à patiner, Gaston Marcotte

*La nature en hiver, Donald W. Stokes
*Les papillons du Québec, Christian Veilleux et Bernard Prévost
*Partons en camping!, Archie Satterfield et Eddie Bauer
Les passes au hockey, Claude Chapleau, Pierre Frigon et Gaston Marcotte
Le piano jazz sans professeur, Bob Kail
Le piano sans professeur, Roger Evans
La planche à voile, Gérald Maillefer
La plongée sous-marine, Richard Charron
Le programme 5BX, pour être en forme,
*Racquetball, Jean Corbeil
*Racquetball plus, Jean Corbeil
Les règles du golf, Yves Bergeron
*Rivières et lacs canotables du Québec, Fédération québécoise du canot-camping
S'améliorer au tennis, Richard Chevalier
Le saumon, Jean-Paul Dubé
Le saxophone sans professeur, John Robert Brown
*Le scrabble, Daniel Gallez
Les secrets du baseball, Jacques Doucet et Claude Raymond
Le solfège sans professeur, Roger Evans
La technique du ski alpin, Stu Campbell et Max Lundberg
Techniques du billard, Robert Pouliot
Le tennis, Denis Roch
*Le tissage, Germaine Galerneau et Jeanne Grisé-Allard
Tous les secrets du golf selon Arnold Palmer, Arnold Palmer
La trompette sans professeur, Digby Fairweather
Le violon sans professeur, Max Jaffa
*Le vitrail, Claude Bettinger
Voir plus clair aux échecs, Henri Tranquille et Louis Morin
Le volley-ball, Fédération de volley-ball

Psychologie, vie affective, vie professionnelle, sexualité

*30 jours pour un plus grand épanouissement sexuel, Alan Schneider et Deidre Laiken
20 minutes de répit, Ernest Lawrence Rossi et David Nimmons
*Adieu Québec, André Bureau
À dix kilos du bonheur, Danielle Bourque
Aider mon patron à m'aider, Eugène Houde
À la découverte de mon corps — Guide pour les adolescentes, Lynda Madaras
À la découverte de mon corps — Guide pour les adolescents, Lynda Madaras
L'amour comme solution, Susan Jeffers
L'amour, de l'exigence à la préférence, Lucien Auger
Les années clés de mon enfant, Frank et Theresa Caplan
*Apprendre à lire et à écrire au primaire, René Bélanger
Apprivoiser l'ennemi intérieur, Dr George R. Bach et Laura Torbet
L'approche émotivo-rationnelle, Albert Ellis et Robert A. Harper
L'art de l'allaitement maternel, Ligue internationale La Leche
L'art de parler en public, Ed Woblmuth
L'art d'être parents, Dr Benjamin Spock
L'autodéveloppement, Jean Garneau et Michelle Larivey
Avoir un enfant après 35 ans, Isabelle Robert
Bientôt maman, Janet Whalley, Penny Simkin et Ann Keppler
*Le bonheur au travail, Alan Carson et Robert Dunlop
Le bonheur possible, Robert Blondin
Ces hommes qui méprisent les femmes... et les femmes qui les aiment,
    Dr Susan Forward et Joan Torres
Ces hommes qui ne peuvent être fidèles, Carol Botwin
Ces visages qui en disent long, Jeanne-Élise Alazard
Changer ensemble — Les étapes du couple, Susan M. Campbell

Santé, beauté

Le rhume des foins, Roger Newman Turner
Ronfleurs, réveillez-vous!, Jocelyne Delage et Jacques Piché
Savoir relaxer — Pour combattre le stress, Dr Edmund Jacobson
Soignez vos pieds, Dr Glenn Copeland et Stan Solomon
Le supermassage minute, Gordon Inkeles
Le syndrome prémenstruel, Dr Caroline Shreeve
Vivre avec l'alcool, Louise Nadeau

Ouvrages parus au Jour

Affaires, loisirs, vie pratique

L'affrontement, Henri Lamoureux
Les bains flottants, Michael Hutchison
Le cœur de la baleine bleue, Jacques Poulin
Conte pour buveurs attardés, Michel Tremblay
*La France à la québécoise, André Bergeron et Émile Roberge
*Le guide du répondeur bien branché, Robert Blondin et Lucie Dumoulin
J'avais oublié que l'amour fût si beau, Évette Doré-Joyal
Jean-Paul ou les hasards de la vie, Marcel Bellier
Oslovik fait la bombe, Oslovik

Ésotérisme, santé, spiritualité

L'astrologie pratique, Wofgang Reinicke
Couper du bois, porter de l'eau — Comment donner une dimension spirituelle à la
    vie de tous les jours, Collectif
Le grand livre de la cartomancie, Gerhard von Lentner
Grand livre des horoscopes chinois, Theodora Lau
Grossesses à risque et infertilité — Les solutions possibles, Diana Raab
Les hormones dans la vie des femmes, Dr Lois Javanovic et
    Genell J. Subak-Sharpe
Les maladies mentales, John M. Cleghorn et Betty Lou Lee
Pour en finir avec l'hystérectomie, Dr Vicki Hufnagel et Susan K. Golant
Pouvoir analyser ses rêves, Robert Bosnak
Le pouvoir de l'auto-hypnose, Stanley Fisher
Traité d'astrologie, Huguette Hirsig

Essais et documents

*1759 La bataille du Canada, Laurier L. LaPierre
17 tableaux d'enfant, Pierre Vadeboncoeur
*L'accord, Georges Mathews
L'administration et le développement coopératif, Marcel Laflamme et
    André Roy
À la recherche d'un monde oublié, N. Laurin, D. Juteau et L. Duchesne

Psychologie, vie affective, vie professionnelle, sexualité

---

* Pour l'Amérique du Nord seulement. (0208)